D1748101

Ute Mariacher

Einfach. Ganzheitlich. Führen.
Wie Sie mit Hirn, Herz und Hand erfolgreich führen.

tredition®
www.tredition.de

© 2018 Ute Mariacher
Umschlag: Lisa Schamschula
Lektorat: Susanne Felkel

Verlag: tredition GmbH, Hamburg

ISBN
978-3-7439-2466-6(Hardcover)
978-3-7439-2467-3 (e-Book)

Printed in Germany

Das Werk, einschließlich seiner Teile, ist urheberrechtlich geschützt. Jede Verwertung ist ohne Zustimmung des Verlages und des Autors unzulässig. Dies gilt insbesondere für die elektronische oder sonstige Vervielfältigung, Übersetzung, Verbreitung und öffentliche Zugänglichmachung.

Inhalt

Vorwort	**7**
1 Was ist Führung?	**9**
1.1 Stellenwert von Führung	11
1.1.1 Führung als Dank für Loyalität und Leistung	*11*
1.1.2 Führung als Dekoration	*12*
1.1.3 Führung als Liebhaberei	*13*
1.2 Führung als Rolle	15
1.3 Führung als verantwortungsvolle Aufgabe	18
1.4 Führung ist mehr als eine Stilfrage	20
2 Systemisch denken und Möglichkeiten entdecken	**26**
2.1 Systemisch Denken – was steckt dahinter?	26
2.1.1 Puzzle und Schach	*28*
2.1.2 Henne oder Ei	*30*
2.1.3 Wahrheit trifft Wirklichkeit	*32*
2.2 Systemisches Führungsverständnis	33
2.2.1 Darüber hinaus denken	*34*
2.2.2 Verhältnismäßige Ausgewogenheit	*35*
2.2.3 Führung ist Leadership und Management	*40*
3 Sie in Führung	**46**
3.1 Ihr Erfolg in Führung	46
3.2 Ihre authentische Haltung	47
3.3 Ihre Kernkompetenzen in Führung	48
3.4 Wen oder was führen Sie?	51
4 Sich selbst führen	**53**
4.1 Motive	55
4.2 Werte	56
4.3 Glaubenssätze und innere Motivatoren	58
4.4 Stärken	60
4.5 Ziele	62
4.6 Gewohnheiten	65
4.7 Wirkung	66

5	**Menschen führen**	**68**
5.1	Kommunizieren als A und O von Führung	69
	5.1.1 Wissenswertes über Kommunikation	*69*
	5.1.2 Führung als Königsweg der Kommunikation	*74*
5.2	Aufgaben, Menschen, Organisation verbinden	81
	5.2.1 Menschen und Aufgaben verbinden	*82*
	5.2.2 Menschen und Menschen verbinden	*90*
	5.2.3 Menschen und Organisationen verbinden	*96*
6	**Organisationen führen**	**113**
6.1	Organisation beeinflusst Führung	114
	6.1.1 Funktion oder Position	*115*
	6.1.2 Kultur	*115*
	6.1.3 Struktur	*115*
	6.1.4 Passung von Funktion, Position, Kultur, Struktur	*116*
6.2	Führung beeinflusst Organisation	117
	6.2.1 Wirkende Prinzipien in Unternehmen	*118*
	6.2.2 Wesenselemente einer Organisation	*122*
	6.2.3 Entwicklung verlangt Wollen	*125*

Zusammenfassung	**127**
Literatur	**128**
Über die Autorin	**133**
Danke!	**134**

Vorwort

Erinnern Sie sich an den Tag zurück, an dem Sie Ihre erste Stelle mit Führungsverantwortung bekommen haben. Was tauchte damals auf? Vielleicht ein „Hurra – ich hab's geschafft. Jetzt geht's nur noch nach oben!" Oder, sogar ein „Klasse – jetzt habe ich die Chance, es besser als mein Vorgänger zu machen!" Vielleicht verspürten Sie den einen oder anderen Zweifel, ob Sie das schaffen würden. Doch die Dynamik Ihres Karriereschrittes ließ zusammen mit Anspannung ob der übertragenen Verantwortung, Euphorie und Glückwünschen Ihres Umfelds kaum Raum für Emotionen wie Zweifel und Unsicherheit. Schließlich ging es darum, den Blick nach vorne zu richten und zukunftsweisend Position zu beziehen, um den Erfolg des Unternehmens aktiv mitzugestalten.

Aus dem Rückspiegel betrachtet: Was hat sich an dem Tag für Sie geändert, an dem Sie Führungsverantwortung übernommen haben? Zu Beginn eventuell nicht viel. Schließlich haben Sie auch davor gute Leistung erbracht, Verantwortung übernommen und mit Menschen zusammengearbeitet. Wie aber hat sich Führung bei Ihnen im weiteren Verlauf entwickelt? Welche Aufgaben wurden mehr, welche weniger? Und wie gestaltet sich Ihr Führungsalltag aktuell?

Möglicherweise ist es auch bei Ihnen so, dass Sie heute – mit etwas Abstand zu Ihrem initialen Karrieresprung – rückblickend feststellen, dass Sie während Ihrer Führungstätigkeit viele beeindruckende oder auch nahezu unglaubliche Situationen mit Mitarbeitern, Kollegen, Kunden, Chefs erlebt haben, die Sie am ersten Tag Ihrer Führungskarriere kaum für möglich hielten. Situationen, die Sie bei allem Engagement gefordert, herausgefordert und ab und an sogar überfordert haben. Zum Glück aber konnten Sie auf Ihre Kompetenzen, Ihre Fähigkeiten und Ihre Erfahrung vertrauensvoll zurückgreifen.

Eventuell wurden Herausforderungen über die Zeit durch andere ersetzt bzw. haben an Priorität verloren. Oder, Sie hielten sich sprichwörtlich an folgende Empfehlung: „Wir wachsen mit der Herausforderung." Schließlich verleihen uns Ideen wie diese Mut und Zuversicht, uns über Wasser zu halten.

Es mag berechtigte Zweifel geben, ob es *die* ideale Führungskraft gibt. Und wenn, dann eher in der Vorstellung jener, die sich an Führung interessiert zeigen.

Als Führungskraft werden Sie nicht geboren. Manche müssen sich sogar damit abfinden, dass ihnen die notwendigen Voraussetzungen nicht in die Wiege gelegt wurden. Einen Startvorteil haben Sie gewiss dann, wenn Sie erforderliche Führungskompetenzen mitbringen und darüber hinaus Mut zur Selbstreflexion sowie den Willen zur Weiterentwicklung aufbringen. Genau darin unterscheiden sich Führungskräfte von guten Führungskräften oder sogar besseren Führungskräften. – Den Schlüssel, ob Sie zu den Führungskräften, den guten oder sogar besseren Führungskräften zählen, haben Sie selbst in der Hand. Er liegt in Ihrer Persönlichkeit und darin, was Sie daraus machen und wie Sie Ihren Führungsalltag gestalten.

Dieses Buch halten Sie als Baustein zu Ihrer persönlichen Reflexion und Weiterentwicklung in Händen. Es richtet sich an neugierige *Selbst-weiter-Entwickler* und weniger an *Alles-eh-schon-besser-Wisser*. Es bietet die Möglichkeit, die Führungswelt trotz der komplexen Zusammenhänge aus einer einfachen aber nicht minder wirkungsvollen Logik heraus zu betrachten. Ich verspreche Ihnen nicht, dass Sie – sobald Sie die letzte Seite erreicht haben – eine bessere Führungskraft sind. Ich biete Ihnen an, gemeinsam Zusammenhänge zu entdecken und ergänze mit praktischen Anregungen, die Sie in Führung stärken.

Lassen Sie sich inspirieren!
Ihre Ute Mariacher

Innsbruck, Mai 2018
utemariacher.at

PS: Eigentlich sollte es sich von selbst verstehen: Wenn ich von Führungs-kräften, Managern oder Mitarbeitern spreche, schließe ich beide Geschlechter mit ein. Auf Doppelkonstruktionen verzichte ich bewusst aus Gründen der Lesbarkeit.

1 Was ist Führung?

Wie du gesät hast, so wirst du ernten.
(M. T. Cicero)

Reden wir nicht alle gerne über Führung und machen uns Gedanken über gute oder weniger gute, erfolgreiche oder weniger erfolgreiche Führungspersönlichkeiten? Und darüber, *ob gute Führung zum Unternehmenserfolg beiträgt* oder *ob es der Unternehmenserfolg erst ermöglicht, gutes Führungsverhalten an den Tag zu legen?*
Führung ist ein Phänomen, mit dem wir alle in Berührung kommen. Ein Phänomen also, das nicht alleine Führungskräften vorbehalten bleibt. Wie nun ist unsere grundsätzliche Einstellung als Führungskraft, Mitarbeiter oder interessierter Beobachter? Bedienen wir uns dazu des National-Trainer-Syndroms. Dieses zeigt uns, dass Menschen im Allgemeinen eines ganz genau wissen: Wie die Mannschaft aufzustellen und zu führen ist. Jedenfalls aber, dass sie selbst es besser machen würden. Oder, wie es S. de Shazer ausdrückt: *„Man muss nicht wissen, was gut ist, um zu wissen, was besser ist."* Obwohl nur wenige von uns National-Trainer sind, lohnt sich ein Blick auf Führung aus der persönlichen Perspektive:

» *Wie führe ich mich selbst?*
» *Wie gehe ich mit mir um?*
» *Wie lasse ich mich führen?*
» *Wie reagiere ich auf Menschen, die mich kritisieren?*
» *Wie reagiere ich auf Menschen, die in Führungspositionen sind?*
» *Welche Art von Führung will ich erfahren und wo setze ich Grenzen?*

Von den einen wird Führung als reizvolle Aufgabe gesehen, von den anderen als notwendiges Übel. Aus Sicht von Geführten und Beobachtern kann Führung begeistern oder demotivieren. Es gibt jene, die es magnetisch in eine Führungsaufgabe zieht und jene, die diesen Kelch gerne an sich vorüberziehen lassen.
In unseren Breiten verbinden wir Führungsverantwortung mit einem bestimmten Status. Dabei ist Führung alles andere als eine Position. Führung ist eine Aufgabe. Diese Aufgabe beinhaltet:

Orientierung und Sinn vermitteln, zu Höchstleistungen befähigen, Feedback geben, Rahmenbedingungen schaffen u.v.a.m. Tatsächlich braucht es hierfür Führung. Dies jedoch fällt dann auf, wenn Führung fehlt und nimmt an Wert zu, wenn Routinen versagen. Daraus lässt sich zudem folgern, dass Führung erst dann wirksam ist, wenn Führung als verantwortungsvolle Aufgabe im Unternehmen bzw. von Mitarbeitern anerkannt wird und auf Echo stößt. Das Wissen darüber schützt jedoch nicht davor, dass Führungshandeln aus Sicht der Einen Führung ist, aus der der Anderen simples Verursachen von täglichem Chaos.

Wir können das Blatt drehen und wenden, wie wir wollen: Führung fasziniert. Führung polarisiert. Die Sicht auf Führung ist facettenreich und es wäre höchst anmaßend, *die* Definition von Führung festmachen zu wollen. Viel eher erklärt sich Führung selbst unter der wohlwollenden Annahme, dass die gewählte Definition für das jeweilige Führungssystem hilfreich und nützlich ist. Führung entsteht als Interaktion, an der alle beteiligt sind.

Ihre Standortbestimmung

Starten Sie vorweg mit einer Selbstreflexion zu Führung!

Nehmen Sie sich bewusst Raum, Zeit und etwas zum Schreiben zur Hand. Und beantworten Sie für sich folgende Fragen:
- » *Was kann ich besonders gut?*
- » *Was ist mir besonders wichtig?*
- » *Wo liegen meine Stolpersteine?*
- » *Welches ist mein Führungsmotto?*

1.1 Stellenwert von Führung

Führung muss man wollen.
(A. Herrhausen)

Führung kristallisiert sich – über die Reputation hinweg – als wesentlicher Erfolgsfaktor in Unternehmen heraus. Ist es doch zentrale Aufgabe von Führung, die Zukunftsfähigkeit der Organisation unter komplexen und dynamischen Bedingungen sicherzustellen. Da wundert es, dass Führung mancherorts wenig Aufmerksamkeit gewidmet wird und paradoxen Widrigkeiten ausgesetzt ist. Folgende Beispiele sollen dies veranschaulichen:

1.1.1 Führung als Dank für Loyalität und Leistung

Führungspositionen werden nach wie vor als Anerkennung für langjährige Unternehmenszugehörigkeit vergeben. Vielleicht wäre hier das Wörtchen *verliehen* etwas passender. Gemeint ist: Führungspositionen mutieren zum Bestandteil eines internen Anreizsystems. Dagegen spricht grundsätzlich wenig. Genau genommen profitiert das Unternehmen von Personalentwicklungsmaßnahmen; eine davon ist das Schaffen von Perspektiven im Unternehmen.

Der Haken an dieser Art der Anreizpolitik: Die langjährige Treue zum Unternehmen *(bei guter Führung)* wird mit der erbrachten Leistung gleichgesetzt bzw. eher verwechselt. Die Frage, ob der beförderte Mitarbeiter auch der passende ist, bleibt unbeantwortet. So heißt es dann: *„Der Mitarbeiter hat sich das Vorrücken auf die nächste Stufe schon längst verdient. Ja – die Beförderung ist sogar überfällig geworden."* Es mag sein, dass diese auf Loyalität fußende Strategie in dem einen oder anderen Fall die beste ist. Jedenfalls birgt sie das Risiko, dass Sie beispielsweise im Tausch für eine durchschnittliche Führungskraft Ihren besten Verkäufer verlieren. – Ein typischer Fall für das in der Managementliteratur bekannte Peter-Prinzip. Die These von L. J. Peter besagt, dass in einer ausreichend komplexen Hierarchie jeder Beschäftigte so lange befördert wird, bis er eine Stufe erreicht, an der er unfähig ist, seine Aufgabe zu erfüllen.

1.1.2 Führung als Dekoration

Kennen Sie Führungskräfte ohne Mitarbeiter? In der Praxis erleben wir Führung sehr interpretationsoffen. So gibt es Unternehmen, in denen Menschen in Positionen gehoben und mit Verantwortungen samt entsprechender Gage ausgestattet werden, die bei einer hierarchischen Betrachtungsweise *alle* Parameter für Führung in ihrem System erfüllen. Wir sprechen von Menschen, die in ihrem Selbstverständnis nach außen und nach innen als Führungskraft auftreten und auch für viele Themen verantwortlich sind. Eines jedoch wird diesen Personen nicht zugesprochen: Mitarbeiter. Es handelt sich um Führungskräfte, die gleichzeitig ihre einzigen Mitarbeiter sind. Welche Gründe auch immer dazu veranlassen, Führung in derartigen Konstellationen zu dekorieren. Führung gemäß den Betrachtungen in diesem Buch ist das jedenfalls nicht.

Betrachten wir ein weiteres Beispiel dekorativer Führung, zu welchem letzteres – genau genommen – die eher komfortable Variante darstellt: In vielen Unternehmen ist Führung proper installiert, Strukturen bzw. Linien sind beinahe vorbildlich aufgebaut. Verantwortungen, Entscheidungskompetenzen sowie der Handlungsspielraum scheinen klar geregelt. Zumindest theoretisch. Praktisch stellt sich die Situation aber ganz anders dar: Manche der eingesetzten Führungskräfte müssen jede Entscheidung im Vorfeld von der nächst höheren Ebene absegnen lassen. Tun sie das nicht, werden sie bei auch noch so winzigen Themen chronisch ausgehebelt oder zurückgepfiffen. Das zeigt sich, indem übergeordnete Vorgesetzte direkt mit Mitarbeitern Vereinbarungen treffen, ohne die eigentlich zuständige Führungskraft darüber zu informieren. Oder, dass Entscheidungen von Führungskräften durch deren Vorgesetzte für Null und Nichtig erklärt werden und Zurückrudern zum Mannschaftssport wird. Hand aufs Herz: Führungsverantwortliche in Sandwichpositionen wie eben beschrieben benötigen einen hohen Frustrationslevel. Wird doch ihre Führungsverantwortung auf das Niveau der Urlaubsgenehmigung reduziert.

Die Tragweite des so gelebten Führungsansatzes hat nicht nur für die dekorativ eingesetzte Führungskraft, sondern vor allem auch für das Unternehmen als Ganzes weitreichende Folgen. Wie sollen Mitarbeiter Orientierung haben und ihren Platz im Unternehmen finden, wenn ihre Führung nicht führt (weil sie nicht führen darf)?

Systemisch gesehen wird hier die natürliche Ordnung empfindlich gestört, was zu Irritationen führt und das System langfristig schwächt.

Sie können sich das irritierende Durcheinander mit folgender Analogie vorstellen: Es gibt Großeltern, Eltern und Kinder (Enkelkinder). Nehmen wir an, die Großeltern vereinbaren mit ihren Enkelkindern eine Woche Urlaub in Italien. Sie halten es für nicht wichtig, die Eltern im Vorfeld über ihre Pläne zu informieren. Gesagt – getan: Die Enkelkinder sind von dem Plan begeistert: *„Italien – da waren wir noch nie!"* Irgendwann später werden die Eltern von den Kindern oder Großeltern über die Vereinbarung informiert. Sie können sich vorstellen: Die Verwunderung bei den Eltern ist groß. Haben doch die Großeltern ungefragt in den elterlichen Verantwortungsbereich eingegriffen und ihre Entscheidungskompetenz übergangen. Die Eltern sind in der Zwickmühle. Sie können begeistert sein von dieser Idee oder eben nicht. Was, wenn nicht? Zwangsläufig gibt es Diskussions- und Klärungsbedarf mit den Großeltern und mit den Kindern.

Nehmen wir an, diese Vorgehensweise wiederholt sich oder wird nicht geklärt. Was passiert nun langfristig mit den Kindern? – Es wird ihnen etwas sehr Wichtiges genommen. Die Orientierung. Berechtigterweise taucht diese Frage im Kopf des Kindes auf: *„Sind es die Eltern oder die Großeltern, die hier was zu sagen haben? Wohin soll ich mich wenden?"* Kurzfristig schafft es das Kind möglicherweise, diese Unklarheit auszugleichen. Mittel- und langfristig beginnt das gesamte System jedoch mangels Klarheit in seinen Grundfesten zu wanken und instabil zu werden.

1.1.3 Führung als Liebhaberei

„Ich habe keine Zeit zum Führen, ich muss auch arbeiten." Diese aufrichtig gemeinte Rechtfertigungsfloskel mancher Führungskräfte signalisiert fehlende Führung. Berechtigterweise drängt sich nun folgende Frage auf: Ist Führung keine Arbeit? Bei genauem Hinsehen könnte der Eindruck gewonnen werden, dass diese Führungskräfte und Manager die ihnen übertragenen Aufgaben eher als Nebentätigkeit oder sogar Liebhaberei ausüben. Sind sie doch stark im Tagesgeschäft eingebunden und zeichnen für konkrete Projekte persönlich verantwortlich. 82 % der befragten Führungskräfte und Manager geben im Hays HR-Report 2017[1)] selbst an, dass ihnen zu wenig Zeit

für Führungsarbeit bleibt. Wird hier strukturell unterschätzt, dass das Zeitkontingent für Führungsarbeit einer Investition in die Personalentwicklung gleichkommt?

Mitunter liegt der Verdacht nahe, dass Führung solange gut ist, so lange sie das tägliche Geschäftsleben nicht behindert und integrierter Teil des täglichen Geschäftslebens ist. Die Tiefe der Verstrickung von Führungskräften in operativen Tätigkeiten lässt sich in Seminaren gut beobachten. Schier unverzichtbar scheinen viele zu sein, die jede Pause fast ausschließlich zum Abarbeiten der nicht angenommenen Anrufe von Mitarbeitern und anderen Personen nutzen.

Zur Orientierung: Wenn Sie auf professionelle Führung statt auf das Konzept Führung als Liebhaberei oder Nebentätigkeit setzen, sollten Sie (die Teamgröße berücksichtigend) eher 25 % als 5 % der verfügbaren Zeit für Führungsaufgaben reservieren.

Zeit ist und bleibt ein magisches Wort in Führungskreisen. Haben Sie doch tendenziell zu wenig davon, womit auch Sie möglicherweise Opfer fortschreitender Ressourcenverknappung sind. Und trotzdem beweisen Sie immer wieder nahezu akrobatische Geschicklichkeit, wenn es darum geht, sowohl die fachlichen als auch die führungsbezogenen Erwartungen zu erfüllen und die täglich lauernden Gefahren von inhaltlicher und bürokratischer Verzettelung einzugrenzen. Und zwar nicht zuletzt deshalb, damit Sie aktionistisches und stressbetontes Führungshandeln als Zeichen Ihrer Unersetzlichkeit ausklammern können.

Sollte auch Ihnen die Frage der Unersetzbarkeit nur allzu bekannt sein, lade ich Sie genau hier und jetzt zu Folgendem ein: *Stellen Sie ein Stoppschild auf und machen Sie einen Schritt zurück!* – Ein Grundprinzip guter Führung liegt in der Konzentration auf Weniges: Die Schwerpunkte achtsam wählen und die Energien bündeln ist die Devise. Wie wollen Sie in Ihren Aufgaben weiterkommen, wenn Sie laufend für Störungen offen sind? Mehr noch: Störungen magnetisch anziehen, weil es ohne Sie nicht funktioniert? Verstehen Sie mich richtig: Bei manchen Anfragen von Kunden, Lieferanten oder Mitarbeitern kann der Druck derart hoch sein, dass die Angelegenheit zur Chefsache wird. Sobald aber dringliche Aufgaben zulasten Ihrer wichtigen Führungsaufgaben chronisch über Hand nehmen, ist's Zeit, sich Zeit zu nehmen und bewusst hinzuschauen, was wirklich wichtig ist, um Ihrer Führungsrolle nachzukommen.

1.2 Führung als Rolle

*Handle wirksam, ohne je im Voraus wissen zu können,
wie oder wohin die Maßnahme führen wird!*
(K. Ludewig)

Rollen sind wie soziale Kleider.
So wie wir unterschiedliche Kleidungsstücke besitzen, nehmen wir in unserem beruflichen und privaten Alltag verschiedene Rollen ein. Als Familienmitglied oder Elternteil werden andere Erwartungen an unsere Rollen gestellt denn als Mitarbeiter eines Unternehmens. Es würde sogar eher befremdlich auf Ihr Umfeld wirken, würden Sie die Elternrolle im Unternehmen und die Angestelltenrolle in der Familie bekleiden.

Wie werden Rollen geschaffen?
Zum einen bringen Sie Erwartungen gegenüber sich selbst mit. Zum anderen sind es von anderen entwickelte Vorstellungen, wie Sie sich darstellen sollen. So betrachtet kreieren Sie sich eine Rolle nicht ausschließlich selbst, sondern sie wird Ihnen auch von Mitarbeitern, Führungskollegen, Kunden und anderen zugewiesen. Zugespitzter formuliert: Unternehmen kaufen über den mit Ihnen vereinbarten Vertrag ein erwünschtes Rollenverhalten ein. Da kann es auch schon mal vorkommen, dass der Eine oder Andere zu Beginn seiner Tätigkeit *der Rolle noch nicht ganz gewachsen ist* und *in seine Rolle erst reinwachsen muss*.

Die von außen gestellten **Erwartungen** treffen auf Ihren eigenen Anspruch, der Rolle gerecht zu werden. Als Gradmesser Ihres Erfolgs bietet sich die Erfüllung, Übererfüllung oder Nichterfüllung der Erwartungen an. Diese können in Muss-, Kann- und Soll-Erwartungen unterschieden werden:

» **Muss-Erwartungen** sind (festgeschriebene) Pflichten. Sie appellieren an Ihre Verbindlichkeit. Bsp.: Sie müssen bei einem Konflikt zwischen Mitarbeitern einschreiten, wenn

Auswirkungen auf den betrieblichen Erfolg absehbar sind.
» **Soll-Erwartungen** weisen weniger einen Pflicht- als einen Empfehlungscharakter auf. Werden sie nicht erfüllt, sind keine direkten Sanktionen zu erwarten. Bsp.: Wenn Sie zu einem Meeting einladen, ist es ratsam persönlich anwesend zu sein, anstelle die Vertretung zu senden.
» **Kann-Erwartungen** sind solche, die über das Notwendige hinausgehen. Sie müssen sie nicht erfüllen; tun Sie es dennoch, steigern Sie Ihr Ansehen, lösen Begeisterung aus und ernten positives soziales Feedback. Bsp.: Kombinieren Sie ab und an ein Teammeeting mit einem kleinen Frühstück oder lassen Sie es mit einem After-Work-Drink ausklingen.

Den Erwartungen an eine Rolle stehen auch Einschränkungen von Verhaltensoptionen gegenüber. So sind Sie als Marketingleiter aufgrund der Nähe zu Ihren Mitarbeitern auch der kompetenteste direkte Personalentwickler für genau Ihre Mitarbeiter. Es wird von Ihnen erwartet, dass Sie Mitarbeiter aus Ihrem Team nicht nur fordern, sondern auch individuell fördern. Die Grenzen dieser Aktivitäten sind rasch gezogen. Denn es wird von Ihnen nicht erwartet, dass Sie dasselbe für Mitarbeiter der Finanzabteilung machen. Kurz gesagt: Der durch die Rolle festgelegte Verhaltensspielraum gibt all jenen Sicherheit, die mit Ihnen verbunden sind.

Rollen sind Personen unabhängig.

Trotzdem werden in Organisationen häufig Menschen und die Rollen, denen sie gerecht werden müssen, vermischt. Diese Verschmelzung engt ein: Sie lässt beispielsweise Emotionen zu Menschen und zu ihren Rollen schwer unterscheiden. Und nicht allzu selten werden folglich Rollenkonflikte unnötigerweise auf einer persönlichen Ebene ausgetragen.

Rollen erfüllen keinen Selbstzweck.

Rollen erfüllen keinen Selbstzweck, sondern bedeutsame Aufgaben innerhalb von Organisationen. Zugewiesene Rollen geben Antworten auf ein erwartetes Verhalten einerseits und ermöglichen es andererseits, den Rollenträger für die Umwelt besser einzuschätzen. Dadurch wirken Rollen Komplexität reduzierend und machen die Arbeitswelt einen Hauch trivialer. Obendrein fördern Rollen – wenn sie verantwortungsvoll gelebt werden – das Vertrauen: Nichts scheint schlimmer, als Menschen, die ihre Rollen verwechseln und bspw. Ärgernisse aus der Elternwelt in die Führungsrolle projizieren, indem sie beim ersten Mitarbeiter, dem sie begegnen, ihren morgendlich familiären Frühstücks-Frust ablassen.

Solange Sie also als Führungskraft mit Ihrer Rolle und den assoziierten Erwartungen klar verbunden sind, bauen Sie Irritationen vor und Vertrauen auf.

Klare Rollenbilder unterstützen Führung.

Führung wird in nahezu allen Unternehmen über Positionen und Funktionen festgeschrieben. Darüber hinaus braucht es für gute Führung das Selbstverständnis für Führung innerhalb des Unternehmens und der Führungscrew. Klare Rollenbilder, die in Führungsgrundsätzen oder Führungsleitbildern erarbeitet, geklärt und kontinuierlich entwickelt werden, unterstützen dieses Selbstverständnis.

Führung meint genau das, was Führung für sich innerhalb des Führungssystems definiert. Dabei kann Führung nicht verordnet werden, sondern bleibt als lebendiges Wechselspiel auf die Bestätigung anderer – seien es Mitarbeiter, Kunden oder Vorgesetzte – angewiesen.

Zur Unterscheidung: Rollen, Positionen, Funktionen

Während die Rolle eher Verhaltensweisen anspricht, beschreibt die Position den Platz im System, also den zugeschriebenen Rang innerhalb des Organigramms als Geschäftsführer, Abteilungsleiter, Teamleiter, Projektleiter, Mitarbeiter. Nicht unerwähnt soll an dieser Stelle bleiben, dass sich zu diesen formellen Positionen informelle gesellen, die in einer Art sozialer Selbstorganisation entstehen und als graue Eminenzen, heimliche Chefs oder allwissende Mülhalden bekannt sind.

Eng mit Positionen sind Funktionen in Organisationen verbunden. Zwei Abteilungsleiter nehmen hierarchisch zwei gleichwertige Positionen ein. Sie erfüllen jedoch unterschiedliche inhaltliche Aufgaben. Der Marketingleiter erfüllt einen anderen Zweck und nimmt eine andere Funktion ein als der Finanzleiter. Die Funktion wird also aus der Perspektive des Unternehmens, die Rolle aus der

Perspektive der Person definiert, die eine Funktion ausüben soll.

So wird auch der **Zusammenhang von Rolle, Position und Funktion** deutlich: Der Festlegung einer bedarfsorientierten Funktion (z.B.: Marketing) folgt die Auswahl einer geeigneten Person. Mit der Übernahme der Funktion in der dafür vorgesehenen Position (z.B.: Abteilungsleitung) übernimmt die Person ihre Rolle im Unternehmen. Welche Person nun geeignet ist oder nicht, liegt an den individuellen Kompetenzen und Fähigkeiten genauso wie an den unternehmerischen inhaltlichen Anforderungen samt den mit der Funktion verbundenen Werten und Prinzipien.

1.3 Führung als verantwortungsvolle Aufgabe

Ein Beispiel zu geben ist nicht die wichtigste Art, wie man beeinflusst. Es ist die einzige.

(A. Schweitzer)

Macht-hierarchische Führung, wie wir sie von Patriarchen in eher familiengeführten Unternehmen oder vom Meister aus dem Handwerksbereich kennen, entsprechen weniger unserem derzeitigen gesellschaftlichen Bild. In der Praxis zeigt sich jedoch, dass nach wie vor viele Führungskräfte am Werk sind, die ihre Führung über die Position und nicht über ihre Führungsfähigkeiten legitimieren.

Worin liegt der Unterschied? Führen über die Position entspricht vielmehr dem Bild eines Vorgesetzten. Nicht nur sprichwörtlich, sondern wörtlich: Eine Person wird jemanden vorgesetzt oder hat den Vorsitz. Sogenannte Positionsautoritäten setzen vermehrt auf Statussymbole zur Befriedigung von Eitelkeiten. Die gepickten Rosinen legitimieren sich aus der Macht der Position und lassen sich simpel an teureren – wenngleich funktional kaum besseren – Handys, Tabletts und sonstigen sichtbaren Statussymbolen erkennen.

Darüber hinaus verleiht dieses Machtverständnis gerne auch das Selbstverständnis, dass Mitarbeiter in der Sekunde alles liegen und stehen lassen müssen, wenn es darum geht, ausgewählte Aufgaben für den Chef zu erledigen. Das sogenannte

Ich-als-Führungskraft-habe-das-Recht-auf- ... *-Prinzip* mag in der einen oder anderen Situation gerechtfertigt, sinnvoll und notwendig sein. Wird es chronisch strapaziert, deutet vieles darauf hin, dass wir es mit Positionsautoritäten in Führung zu tun haben.

Führung – eine Frage der Macht?

Macht wird über Positionen oder Funktionen in den zugewiesenen Handlungsspielräumen legitimiert und begrenzt. Die Frage lautet nun nicht, wieviel Macht jemand hat, sondern wie verantwortungsvoll Macht eingesetzt wird. Konkret üben wir Macht innerhalb einer Beziehung zwischen Menschen in spezifischen Situationen aus, weshalb Macht das Vertrauen zwischen Beteiligten erheblich beeinflusst. Dabei kann sich Macht erst dann entfalten, wenn sich Abhängigkeits- und Kräfteverhältnisse auf beiden Seiten ändern können. Sie als Führungskraft besitzen die Macht, Mitarbeitern Anweisungen zu geben. Darauf können Mitarbeiter verschieden reagieren: Die Anweisung ausführen, vergessen, ignorieren oder boykottieren. Je nach Reaktion des Mitarbeiters oder der Gruppe von Mitarbeitern werden Sie und alle Beteiligten sämtliche Möglichkeiten des Machtraumes nutzen. Dieses Beispiel zeigt im Besonderen auf, dass Macht derjenige hat, der macht und nicht notwendigerweise *von oben* ausgehen muss.

Mit Fragen wie *„Wer beeinflusst wen?"* und *„Wer macht was?"* können Sie sich den Antworten zu den gegebenen Machtverhältnissen nähern.

Macht durch Autorität

Führung ist nicht zwingend an eine Position oder an ein Amt gebunden. Die Akzeptanz für Führung gilt der Person des Führenden. Diese Akzeptanz bildet die Basis von Führungsautorität. Zum Unterschied zum Begriff Macht beschreibt Autorität kein soziales Verhältnis. Autorität kann als Zuschreibung gesehen werden, welche Macht legitimiert.

Das bedeutet: Sie als Führungskraft müssen anerkannt werden und Zustimmung finden, um als Führungskraft etwas bewirken zu können. Dessen sind sich wirksame Führungskräfte bewusst und werden nicht müde, bei sich und den Mitarbeitern zu hinterfragen, worin der Beitrag zum Ganzen liegt, um Fähigkeiten und Erfahrungen nutzbringend einzusetzen. Sie handeln auch deshalb so, weil sie wissen: Führung ist viel zu wichtig, als sie einigen wenigen zu überlassen. Reiz und Motivation für Führung liegen für sie weniger in Rang und Status als in der Aufgabe selbst. Gute Führungskräfte sind also jene, die Verantwortung für ihre Aufgabe übernehmen. Und sie zeigen dies über moderne, agile Führungspraktiken, die sich maßgeblich von traditionellen Ansätzen unterscheiden.

1.4 Führung ist mehr als eine Stilfrage

Menschenführung ist an die Hand nehmen, ohne festzuhalten und loslassen, ohne fallen zu lassen.
(W. Thomalla)

Eines der wesentlichen Grundprinzipien guter Führung lautet Ergebnisorientierung. Ergebnisse lassen sich Menschen orientiert oder sachbezogen auffassen. Menschen betreffende Ergebnisse werden über die richtige Mitarbeiterauswahl, -führung und -entwicklung sichtbar. Sachbezogene Ergebnisse zeigen sich Output orientiert im zahlenmäßig belegbaren Unternehmenserfolg.

Das Geheimnis zur Erreichung von Ergebnissen liegt darin, sich auf das Wesentliche in der Führungsarbeit zu beschränken. Viel zu oft beklagen sich Führungskräfte über Zeitmangel und Stress. Ohne den Einsatz von Führung schmälern zu wollen, lohnt es hier, einen Blick darauf zu werfen, mit welchen Aufgaben sich Führung laufend beschäftigt und welche davon sich als erfolgsneutral entpuppen. Ergebnisse erzielen Sie zudem leichter, wenn Sie die Aufmerksamkeit darauf lenken, was geht, anstatt auf das, was nicht geht.

Führung vereint Menschen- und Sachorientierung.

Es wäre zu kurz gegriffen, Führung mit Führungsstil gleichzusetzen. Führung ist mehr als eine Stilfrage. Dennoch bieten uns *vor*-kategorisierte Stile Orientierungshilfen und erleichtern es uns, Führung greifbar zu machen. Die unterschiedlichen Stile werden auf individueller, zwischenmenschlicher, teambezogener und organisatorischer Ebene wirksam und basieren auf vielfältigen Einflüssen: Die individuellen Eigenschaften, Werte, Haltungen, soziale Einstellungen und Kompetenzen der Führungskraft fließen genauso ein, wie beispielsweise die Funktion im Unternehmen, die Unternehmenskultur oder auch die Mitarbeiter.

Der Führungsstil ist damit kontextbezogen hilfreich und nützlich oder eben nicht. Er bildet sozusagen eine Brücke zwischen Ihren subjektiven Fähigkeiten und persönlichen Einstellungen auf der einen und den objektiven Möglichkeiten innerhalb der Organisation auf der anderen Seite.

Führungsstile lassen sich über die beiden Ausprägungen Mensch und Sache strukturiert über das **Leadership-Grid** (nach Blake und Mouton) betrachten: Die Sach- oder Output-Orientierung wird der Menschenorientierung jeweils auf einer 9-teiligen Skala gegenübergestellt, womit sich 81 Skalierungsmöglichkeiten ergeben.

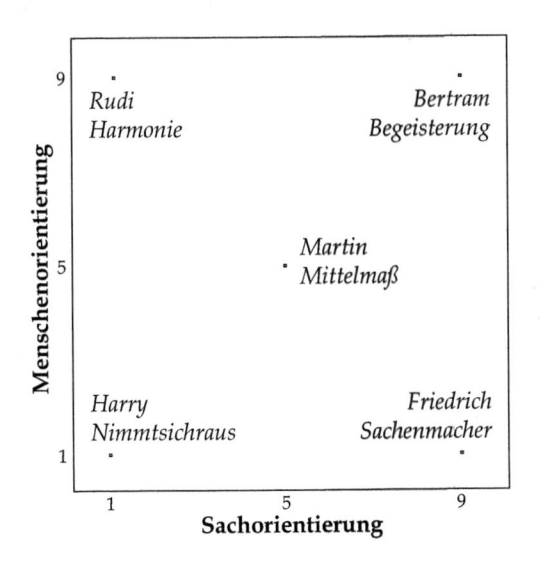

```
                 9 |  •                          •
                   |  Rudi                       Bertram
                   |  Harmonie                   Begeisterung
  Menschen-        |
  orientierung     |
                 5 |              Martin
                   |            • Mittelmaß
                   |
                   |  Harry                      Friedrich
                   |  Nimmtsichraus              Sachenmacher
                 1 |  •                          •
                   |_____
                      1           5             9
                              Sachorientierung
```

Die **Sachorientierung** steht u.a. für die Festlegung von Zielen, Zwischenzielen oder die Ergebnisüberprüfung. Unter **Menschenorientierung** verstehen wir einerseits, wie das eigene Handeln reflektiert und weiterentwickelt wird. Und andererseits inwieweit Auswirkungen auf Menschen entlang von Entscheidungen berücksichtigt werden bzw. wie vertrauensvoll das Miteinander ausgeprägt ist. Sieben wesentliche Führungsstile im Leadership-Grid werden nachfolgend kurz beschrieben:

Friedrich Sachenmacher: Hohe Sachorientierung und niedrige Menschenorientierung

Bei Friedrich Sachenmacher wird Kontrolle lebendig durch diskussionsfreie Anweisungen und klare Vorgaben. Regeln unterstützen ihn bei der Sicherung von ehrgeizigen Zielen und müssen erbarmungslos eingehalten werden. Ein Abgehen von Regeln duldet er nicht. Menschen wie Friedrich Sachenmacher zeigen sich entschlossen, entscheidungsfreudig und konzentrieren sich im Streben nach Erfolg auf das Wesentliche.

Auf andere wirkt er misstrauisch, ungeduldig, streitsüchtig, abwehrend, arrogant, herrisch, einschüchternd. Aktive Beteiligung und Engagement durch Mitarbeiter sind für ihn weniger wichtig. Auch nutzt er Mitarbeiterpotenziale eher nicht.

Eine typische Aussage von Friedrich könnte sein: *„Genau so müssen wir es machen."*

Rudi Harmonie: Niedrige Sachorientierung und hohe Menschenorientierung

Balance und Ausgeglichenheit sind für Rudi Harmonie erstrebenswert. Rudi sucht nach Möglichkeiten, Harmonie zu stärken oder wiederherzustellen. Für ihn bedeutet Führung nachgeben, einwilligen und Probleme ausblenden. Rudi Harmonie begeistert beim ersten Hinsehen als Führungskraft, da er sich auf die positiven und angenehmen Aspekte von Arbeit konzentriert. Das Teamklima ist positiv, lässt jedoch klare Ziele, Ehrlichkeit und Respekt vermissen, sodass der Sinn schwammig wird oder verloren geht. Aus Rudis Konzentration auf zwischenmenschliche Aspekte lässt sich eine evidente Konfliktunfähigkeit ableiten, was wiederum konstruktive Weiterentwicklung nahezu verhindert.

Menschen wie Rudi wirken auf andere mitfühlend, freundlich, unterstützend, schmeichelnd, verständnisvoll, entschuldigend, nachgiebig.

Sein Menschenverständnis zeigt Rudi in Aussagen wie diesen: *„Wir haben einige Beschwerden. Ich weiß – Sie stehen unter Druck. Könnten Sie sich dennoch vorstellen, etwas genauer zu arbeiten?"*, *"Ich finde es *schade, dass Ihre Idee nicht prämiert wurde. Ich persönlich finde sie nach wie vor hervorragend!"*

Martin Mittelmaß: Mittlere Sachorientierung und mittlere Menschenorientierung

Martin Mittelmaß legt darauf Wert, den Status quo zu halten. Populäre Ziele unterstützt er gerne, unnötigen Risiken weicht er aus. Laufend sondiert er, wie seine Ansichten bei den Mitarbeitern ankommen. Das Mittelmaß ist für ihn gut genug, weshalb Spitzenleistungen kaum entstehen. Martin Mittelmaß setzt auf bewährte Muster und Grundsätze aus der Vergangenheit. Und zwar selbst dann, wenn sie nicht mehr angebracht sind. Gut über alles informiert setzt er auf Kontinuität und Zugehörigkeit.

Menschen wie Martin Mittelmaß wirken auf andere unsicher, vorsichtig, behutsam, wachsam, unklar, gemäßigt, angenehm.

Von ihm können Sie folgende Aussage erwarten: *"Wissen Sie, so haben wir das noch nie gemacht. Nur ein kleiner Rat von mir."*

Harry Nimmtsichraus: Niedrige Sachorientierung und niedrige Menschenorientierung

Um Themen wie Verantwortung, Entscheidungen, Probleme macht Harry Nimmtsichraus einen weiten Bogen. Ausweichen, vermeiden, nicht auffallen flankieren sein Grundmotto, das einer gewissen Gleichgültigkeit nahekommt. Das Teamklima rund um Harry ist eher positiv, wenngleich es an klaren Zielen, Ehrlichkeit und Respekt sowie der Sinnhaftigkeit für Teammitglieder fehlt.

Menschen wie Harry Nimmtsichraus wirken leidenschaftslos, vorsichtig, zurückhaltend, unsicher, genügsam, resigniert, bequem, passiv.

Typische Aussagen von ihm sind: *"Das hat mir niemand gesagt.", "Hier sind mir die Hände gebunden.", "Das haben die anderen so entschieden. Ich folge nur den Anweisungen."*

Bertram Begeisterung: Hohe Sachorientierung und hohe Menschenorientierung

Sach- und Menschenorientierung schließen einander nicht aus, sondern finden sich in Leadership wieder. Bertram Begeisterung setzt sich das Ziel, auf optimale Ergebnisse zu achten und hohes Engagement bei seinen Mitarbeitern zu erzeugen. Er ermutigt Teammitglieder, sich einzubringen und zu engagieren. Und versucht so, gemeinsam zur besten Lösung zu kommen. Im Klima des Vertrauens werden kritische Themen offen, ehrlich, konstruktiv und mit einem gewissen Weitblick angesprochen.

Bertram Begeisterung wirkt auf andere menschlich, bescheiden, bestimmt, aufgeschlossen, engagiert, kreativ, vorausdenkend und voraushandelnd.

Für ihn wäre folgende Herangehensweise zu einer problematischen Situation typisch: *„Können wir darüber sprechen, was gerade passiert ist? Ich bin mir nicht sicher, ob ich verstanden habe, warum Sie das getan haben."*

Peter Patriarch: Abwechselnd niedrige Sachorientierung bei hoher Menschenorientierung und hohe Sachorientierung bei niedriger Menschenorientierung

Führung kann auch als Wechselbad zweier für sich extremer Führungsstile gelebt werden. Und zwar in der Person des Peter Patriarch. Er schreibt Ziele und Erwartungshaltungen klar vor – sich selbst und den anderen. Anfechtungen oder Kritik unterbindet er sofort, während er Menschen, die ihn unterstützen, belohnt. Sein Verhältnis zu Mitarbeitern ist das von Eltern zu ihren unmündigen Kindern. Dies hat ein gespaltenes Teamklima zur Folge: Mitarbeiter streben nach Belohnung. Sanktionen versuchen sie aus dem Weg zu gehen, indem sie Eigeninitiative und Kreativität vermeiden.

Peter Patriarch wirkt bewertend, voreingenommen, selbstgerecht, moralisierend, gönnerhaft, sachkundig, beratend, kontrollierend, unterstützend.

Er würde seine Mitarbeiter in folgender Weise unterstützen: *„Ich habe einen guten Plan für dieses Projekt. Sie werden begeistert sein. Wenn ich Sie wäre, dann ... Und sprechen Sie mich vorher noch an, bevor Sie tatsächlich starten."*

Otto Opportunist: Alle Stile werden zum eigenen Vorteil eingesetzt.

Für Otto Opportunist ist jedes Mittel recht, um sich einen Vorteil zu sichern. Er nützt andere aus, manipuliert geschickt und hat das Talent, Menschen zu überreden, seinem Willen zu folgen. Ihm geht es vorrangig um persönliche statt um unternehmerische Ziele. So kommt es, dass Otto mit *gespaltener Zunge* spricht, Mitarbeiterentwicklung nur im Fall eines persönlichen Vorteils forciert und Lösungen bei Konflikten eher Pseudolösungen gleichen.

Insgesamt wirkt Otto Opportunist berechnend, selbstsüchtig, täuschend, hinterhältig, gefühllos, überzeugend, einfallsreich, verführerisch, begeistert oder spontan.

Für Otto sind Themen dann gut, wenn die Frage *„Was ist für mich drin?"* beantwortet werden kann.

2 Systemisch denken und Möglichkeiten entdecken

Seesterne retten: Ein furchtbarer Sturm kam auf. Der Orkan tobte. Das Meer wurde aufgewühlt und meterhohe Wellen brachen sich ohrenbetäubend laut am Strand. Nachdem das Unwetter langsam nachgelassen hatte, klarte der Himmel auf. Am Strand jedoch lagen unzählige Seesterne, die von der Strömung an den Strand geworfen worden waren.
Ein kleiner Junge lief am Strand entlang, nahm behutsam Seestern für Seestern in die Hand und warf sie zurück ins Meer. Da kam ein Mann vorbei. Er ging zu dem Jungen und sagte: „Du dummer Junge! Was du da machst, ist vollkommen sinnlos. Siehst du nicht, dass der ganze Strand voll von Seesternen ist? Die kannst du nicht alle zurück ins Wasser werfen! Was du da tust, ändert nicht das Geringste!" Der Junge schaute den Mann einen Moment lang an. Dann ging er zum nächsten Seestern, hob ihn behutsam auf und warf ihn ins Meer. Zu dem Mann sagte er: „Für ihn wird es was ändern!"(Quelle: Six Secret of G.E.N.I.U.S., P. Porter)

2.1 Systemisch Denken – was steckt dahinter?

Nicht alles, was zählt, kann man zählen.
Und nicht alles, was man zählen kann, zählt.
(A. Einstein)

Alles ist systemisch. Wunderbar – dann wäre auch schon alles darüber gesagt, oder? Schließlich setzen Sie auf systemisches Coaching, systemische Beratung, systemisches Projektmanagement, systemische Interventionen, systemische Kommunikation u.v.a.m. Das Wort systemisch wird ähnlich dem Wörtchen *nachhaltig* große Bedeutung zugeschrieben und in höchstem Maße inflationär verwendet. In seinem Grundverständnis aber bleibt systemisch bei vielen Menschen als schwammiger, inhaltsleerer mitunter auch esoterisch angehauchter Hochglanzfolienbegriff hängen. Die Antwort auf folgende Frage soll diese Unschärfe klären: *Was bedeutet Denken in Systemen bzw. systemisch Denken aus Sicht der Führung?*

Der **Begriff System** geht auf das griechische Wort *systema* zurück und beschreibt das Gebilde, Zusammengestellte, Verbundene. Übertragen auf das Unternehmen heißt das, dass sich Ihr Unternehmen als System aus verschiedenen Bereichen, Abteilungen, Teams samt den jeweils wirksamen Menschen zusammensetzt.

Wenn wir etwas als zusammengehörig betrachten, ziehen wir Grenzen. So können wir unterscheiden, was innerhalb und was außerhalb der Grenzen erlebt wird. Ob wir eine Grenze so oder anders ziehen, welche Elemente also zusammengehören oder nicht, beantworten wir über den Sinn. Der Sinn leitet sich aus dem Arbeiten *im Dienste für Etwas* ab. Sinngrenzen sind nicht naturgegeben. Sie werden bewusst gezogen, sodass sie die Innenseite und Außenseite des Systems voneinander differenzieren. Sinngrenzen sagen uns: *Wer gehört dazu und wer gehört nicht dazu? Welche Aufgaben oder Themen gehören dazu und welche nicht.* Fassen wir zusammen:

» Ein System können wir als *Einheit* (Unternehmen) verstehen, *die als Ganzes existiert und funktioniert,* indem ihre Teile (Abteilungen, Teams, Menschen) als Subsysteme zusammenwirken.
» Das Unternehmen selbst ist über die Unternehmensumwelt (Beteiligungen, Branche …) *Bestandteil größerer Systeme.*
» *Systeme können sich überlappen:* Beispielsweise sind in unternehmensweiten Projekten Projektmitarbeiter sowohl den Abteilungen als auch dem Projekt als eigenes System zugeordnet.
» Systeme können auch als sogenannte *russische Puppen* aufgestellt sein: Betrachten wir dafür eine Gruppe von Führungskräften, deren hierarchische Stellung am Modell des Dienstautos erkennbar ist. Je kleiner die Puppe, desto größer das Auto bzw. desto höher die Führungsposition.

Die Eigenschaften eines Systems sind jene des Ganzen. Sie werden über die Unternehmenskultur, besser über den Charakter des betrachteten sozialen Systems lebendig. E. Schein beschreibt Kultur als die Summe aller gemeinsamen und selbstverständlichen Annahmen, die eine Gruppe im Laufe ihrer Geschichte erlernt. So könnten wir Systemeigenschaften als Summe aus Geschichten, Erfahrungen, Lernen, Überzeugungen und Gewohnheiten interpretieren. Kultur verstanden als lebendiges Gedächtnis einer Organisation deckt ungeniert auf, dass jede Organisation exakt die Kultur hat, die sie verdient. Und gibt uns Hinweise darauf, wie wir zusammenarbeiten bzw. was wir als normal erachten und was nicht.

Diskrepanzen zwischen dem offiziell Gewünschten und dem real Hässlichen hinter dem Vorhang sind dabei nicht ungewöhnlich. Streng genommen gibt es nicht *die* Kultur, sondern die Kulturen, da sich – wenn man Abteilungen oder Teams für sich betrachtet – abgeänderte Kulturelemente finden lassen. Wesentlich bleibt: Die Prägekraft des gesamten Unternehmens ist stärker als jene seiner Teile. Wird das System jedoch in seine Einzelteile zerlegt, verliert es die Eigenschaften des Ganzen.

2.1.1 Puzzle und Schach

> *Man muss die Dinge so einfach wie möglich machen.*
> *Aber nicht einfacher.*
> *(A. Einstein)*

Systeme sind komplex. Das kann Unterschiedliches bedeuten. Ein 1000-teiliges Puzzle ist komplex aufgrund der vielen einzelnen Teile. Ein Schachspiel hingegen ist komplex, weil sich mit jedem einzelnen Zug die Konstellation der einzelnen Figuren und damit die ganze Spielsituation ändert.

Blicken wir konkret auf das Unternehmen: Angenommen Sie haben einen Mitarbeiter. Würden wir das Unternehmen als Puzzle betrachten, ist es relativ rasch zusammengebaut und auch die Beziehung zueinander bleibt überschaubar. Wenn Sie einen weiteren Mitarbeiter einstellen, haben Sie zwar noch immer eine überschaubare Anzahl an Puzzle-Teilen, jedoch kann es schwieriger werden, mit zwei als nur mit einer Person auszukommen. Setzen wir das Mitarbeiterwachstum fort, bedeutet das: Je mehr Mitarbeiter Sie in Ihrem Unternehmen haben, desto komplexer wird das Zusammenwirken der einzelnen Teile und auch die Dynamik im Beziehungsgeflecht.

Dynamik lässt sich als Maß an Überraschungen interpretieren, mit denen Sie täglich rechnen müssen. Sie lässt sich nur bedingt über organisationale Strukturen beherrschen, da sie in den Beziehungsqualitäten und Beziehungsdichten liegt. Diese

Verbindungen sind nicht von vornherein sichtbar, sondern lauern gelegentlich im Verborgenen. Noch weniger können sie gemessen oder quantifizierbar gemacht werden. Jedenfalls legen sie Arbeits- und Verhaltensweisen von Mitarbeitern innerhalb der Unternehmensgrenzen fest und beeinflussen das Unternehmen.

Über einen systemischen Zugang richten Sie den Fokus auf genau dieses Zusammenspiel im jeweiligen Kontext. Insbesondere in problembehafteten Situationen oder bei Veränderungen im Unternehmen ist es unverzichtbar, den Blick auf das Zusammenwirken sowie auf die Verbindungen von Menschen zu richten. Selbsterklärend ist dabei: Je mehr Verknüpfungen Sie entdecken, desto mehr Einflussmöglichkeiten tun sich für Sie auf.

Anstatt langwierige Ursachenforschung zu betreiben, könnten Sie ganz konkret hinterfragen, welche Faktoren das Problem, das Verhalten oder die Situation beeinflussen. Begeben Sie sich auf eine Entdeckungsreise nach *klebrigen Verbindungen*. Versuchen Sie in einem nächsten Schritt jene, die das Problem, das Verhalten oder die Situation blockieren, zu durchtrennen bzw. abzuschwächen. Mit auf diese Art befreiten Verbindungen steigen die Chancen, problematische Situationen souveräner zu meistern oder anstehende Veränderungen leichter in Gang zu setzen.

So lapidar es klingen mag. Auch ein Parkplatz kann Teil einer klebrigen Verbindung sein, wie folgendes Beispiel zeigt:

Beispiel: Falsch Parken

Die Mitarbeiter eines Unternehmens kommen täglich mit dem Auto zur Arbeit und parken auf den ihnen zugewiesenen Plätzen. Herr P. ist der am längsten zugehörige Mitarbeiter. Er stellt sich jedoch ab einem bestimmten Zeitpunkt auf den Parkplatz von Herrn K. Herr K. ist der neue Chef. Dieser fühlt sich solange nicht beeinträchtigt, bis er registriert, dass die Fluktuation im Team des falsch Parkenden über das erträgliche Maß hinausgeht.

Die Suche von möglichen Verbindungen ergibt: Der treue Mitarbeiter akzeptiert den neuen Chef nicht, zeigt dies über das Statussymbol Parkplatz und trägt seinen Frust zudem in das Team. Nebenbei erwähnt: Der besagte Parkplatz war vorher dem Senior-Chef zugeteilt.

Eine Lösung wurde durch Veränderung der gesamten Parksituation im Unternehmen erreicht.

Alternativ dazu könnten Sie Probleme lösen und Veränderungen anstoßen, indem Sie mit einer kräftigen Portion Druck arbeiten. Oder Sie setzen Ihre eigene Energie ein, indem Sie kraftvoll in die gewünschte Richtung ziehen oder zerren. Beide Varianten – ob Sie nun ziehen oder zerren –können (kurzfristig) erfolgreich sein. Jedenfalls aber bringen sie Sie, Ihre Mitarbeiter und auch Ihr Unternehmen gehörig ins Schwitzen.

2.1.2 Henne oder Ei

Wie Sie in den Wald hineinrufen,
so schallt es auch zurück.
(Volksweisheit)

Systeme sind wechselwirksam. Anders als bei linear logischer Denkweise gehen wir beim systemischen Denken davon aus, dass sich Ursache und Wirkung wechselweise beeinflussen. Jeder Impuls erzeugt – zeitgleich oder zeitversetzt – eine Reaktion, welche aufs Neue als Impuls für eine Reaktion gesehen werden kann. Die Wirkungen zwischen Impulsen und Reaktionen zirkulieren innerhalb eines Systems. Zum Unterschied: Lineare Kausalität, wie sie in einer eher mechanisch-technisch orientierten Input-Output-Logik zu finden ist, setzt in ihrem Verständnis einen dezidierten Impuls von außen voraus. Die Kunst guter Führung liegt nun darin, den selbststeuernden Charakter lebendiger Systeme zu erkennen und anzuerkennen.

Was auch immer Sie tun, beeinflusst Ihre Mitarbeiter, die dann wieder andere beeinflussen. Selbst dann, wenn die anderen nichts mit der Situation zwischen Ihnen und den Mitarbeitern zu tun haben. Sie haben es demnach nicht nur mit einer Situation zu tun. – Ganz im Gegenteil! Dynamiken im System werden als Multiplikatoren wirksam und können Reaktionen auslösen, die mit der eigentlichen Situation nichts mehr zu tun haben. In diesem Zusammenhang sind Anfangsbedingungen bedeutungsvoll. Denn die Bedingungen, die zum Zeitpunkt einer Situation vorherrschen, prägen den weiteren Verlauf. Generell sind Sie gut beraten, wenn Sie immer mit Nebenwirkungen rechnen, überraschungsoffen bleiben und Ihre Antennen auf Empfang stellen.

Ihr **Verhalten** ist **Auslöser** für das Verhalten von Mitarbeitern. Und gleichzeitig ist Ihr Verhalten **Reaktion** auf das Verhalten von Mitarbeitern. Es bleibt aufgrund der Wechselwirksamkeit offen, werden entscheidenden Impuls setzt. Ob Sie Reaktionen von Mitarbeitern, Führungskollegen oder anderen positiv oder negativ erleben und wie Sie erneut darauf reagieren, liegt nur an Ihnen. Sie sind als Mensch ein Original, das durch Weltbilder, Gefühle, Erfahrungen, Ziele, Absichten, Fähigkeiten u.v.a.m. geprägt wird. Auf Basis dieses Selbstkonzepts sondieren Sie aus, welches Tun für Sie hilfreich und nützlich ist.

Was war zuerst? Die Henne oder das Ei? Übertragen auf Führung bedeutet dies auch: *Wer führt wen?* Selbstverständlich führen Sie Ihre Mitarbeiter, das Team oder das Unternehmen. Aber nicht nur! Genauso selbstverständlich werden auch Sie von Ihren Mitarbeitern, Ihren Kollegen oder den Spielregeln im Unternehmen geführt. – Führung ist wechselwirksam.

Beispiel: Wechselwirksamkeit zwischen Führungskraft und Mitarbeitern

Herr Robert W. ist als Abteilungsleiter zuverlässig und verantwortungsbewusst. Jedoch bedauert er immer wieder aufs Neue, dass seine Mitarbeiter wenig selbstständig sind und kaum Verantwortung übernehmen wollen. Ja, mehr sogar: Für gute Ergebnisse und hohe Qualitätsstandards fühlt er sich selbst verantwortlich: „Was ich nicht selbst mache, entspricht nicht den Anforderungen. Ich kann mich auf niemanden hier verlassen!" Auf der anderen Seite lassen frustrierte Mitarbeiterstimmen aufhorchen. Sie meinen nämlich, dass ihr Abteilungsleiter alles selbst machen will. Vor allem aber spannende, herausfordernde und verantwortungsvolle Aufgaben. Für sie selbst bleiben nur langweilige Routinearbeiten übrig, weil Ihnen Herr W. wenig zutraut: „Nichts kann man ihm recht machen. Er kritisiert alles. Wozu soll ich mich hier einsetzen?"

2.1.3 Wahrheit trifft Wirklichkeit

> *Nichts ist, wie es scheint,*
> *die Wahrheit hat viele Gesichter.*
> *(K. Eisenlöffel)*

Wäre es nicht schön, eine einzige objektive Wahrheit, also *die* Wahrheit zu kennen? Das Wörtchen *objektiv* bedeutet *etwas von außen betrachten*. Wir verbinden objektiv intuitiv mit wahrheitsgetreu. Das Wörtchen *subjektiv* bedeutet *von innen nach außen betrachten* und wird als weniger verlässlich eingestuft. Diese Zweifel drücken sich in Aussagen wie *„Das ist eben deine persönliche Sicht!"* oder, im Appell *„Sehen Sie das doch mal objektiv!"* aus. Selbst dann, wenn viele Menschen die gleiche Meinung haben, bleibt die Gesamtbetrachtung subjektiv.

Menschen beobachten und schaffen sich durch ihre Beobachtungen eigene Wahrheiten und Wirklichkeiten. Wirklichkeiten, die aufgrund von Erfahrungen, Erwartungen, Einstellungen, Emotionen, Bedürfnissen, Interessen, Werten, aktuellen Situationen u.v.a.m. geformt werden. Auf diese Weise bilden sich bei jedem Menschen subjektive Wahrheiten, die als innere Bilder über die äußere Realität abgespeichert werden. So lässt sich auch einfach erklären, dass beispielsweise eine Idee für die Einen sinnvoll und nützlich erscheint, sich jedoch für die Anderen als nicht relevant oder bedeutungslos darstellt. Ein und dasselbe Problem mag für die Einen eine mittlere Katastrophe sein und für die Anderen kaum existent.

Jeder Mensch macht sich sein Bild der Wirklichkeit. Gemäß dem konstruktivistischen Ansatz von Wirklichkeiten gibt es keine *wahre* oder *richtige* Sicht. Um den aus dieser Erkenntnis auftauchenden Ambivalenzen konstruktiv zu begegnen, empfiehlt sich folgendes: Relativieren Sie Ihre eigene Sichtweise und anerkennen Sie andere Perspektiven als *gleich gültig*. – Wie ist das bei Ihnen? Anerkennen Sie unterschiedliche Wirklichkeiten? Und welche Wahrheit zählt im Team? Versuchen Sie beim Erkunden möglicher Wirklichkeiten, unterschiedliche Sichtweisen einzubeziehen:

» *Welches Verhalten beobachten Sie? Wie würde eine andere Person (A, B oder C) das Verhalten beschreiben?*
» *Was ist Ihnen an der Situation wichtig? Was wäre einer anderen Person (A, B oder C) wichtig?*

Ihre Sicht auf eine bestimmte Situation ist Ihre Perspektive von innen, Ihr Blickwinkel, Ihre individuelle Wirklichkeit. Ihre Perspektive zeigt auch auf, wenn Sie *den Wald vor lauter Bäumen nicht mehr sehen* oder einfach mal *Abstand nehmen müssen*. Mit zusätzlich eingenommenen, subjektiven Perspektiven gelingt es, aus Ihrer persönlichen Situationsanalyse herauszutreten und über die Vielfalt der Blickwinkel die Situation von innen betrachtet besser zu verstehen.

Über den Perspektivenwechsel nehmen Sie quasi einen objektiven Blickwinkel ein. Das Erstaunliche daran: In dem Maße, in dem Ihr Verständnis wächst, verändert sich auch die Situation, weil das Verständnis Teil der Situation ist.

Apropos Verständnis: Fragen zum Verständnis von Dingen verlangen Antworten, die Zusammenhänge beinhalten. Für anspruchsvolle Antworten greifen Methoden der reinen Analyse zu kurz, da Analysen aufzeigen, wie Dinge funktionieren. Nicht aber, wieso Dinge funktionieren. Analysen produzieren zwar Wissen aber kein Verständnis für die Situation. Der systemische Ansatz verzichtet auf diese klassischen Analysen. Der Blick richtet sich auf und nicht in das System. Verständnis wird erzeugt, indem Zusammenhänge und Wechselwirkungen erfasst werden.

2.2 Systemisches Führungsverständnis

Wenn man einen Menschen richtig beurteilen will,
so frage man sich immer: „Möchtest du ihn zum Vorgesetzten haben?"
(K. Tucholsky)

Führungskräfte werden nicht geboren und fallen auch kaum über Nacht vom Himmel. Führungskräfte sind auch nicht deshalb Führungskräfte, weil sie in fachlichen Fragen besser sind. Zweifelsohne gilt: Fachkompetenz ist notwendig. – Mehr, je näher Sie als Führungskraft zur Facharbeit stehen und Mitarbeiter direkt führen. Und weniger, wenn Sie Führungskräfte führen. Egal, welche der beiden Varianten Sie aktuell vor Augen haben. Gemein ist beiden, dass Sie über systemische Zusammenhänge weitere Chancen für die Entwicklung Ihrer Führungskompetenzen aufgreifen können.

2.2.1 Darüber hinaus denken

Zu den Minimalanforderungen an Führungskräfte zählen vernetztes und ganzheitliches Denken. Der Unterschied ist bedeutsam:

Vernetzt denken fokussiert auf die Beziehung vom Ich zum Du. Und erkennt an, dass alles, was wir tun, Auswirkungen hat, da alles mit allem verbunden ist. Entgegen dem Wettbewerbsdenken (ich gegen dich) beziehen wir Vertrauen in Kooperationen ein.

Eine zur vernetzten erweiterte Bewusstseinsstufe ist die des **ganzheitlichen Denkens**. Gemeint ist, dass wir im Bewusstsein *eines Ganzen, das mehr als die Summe seiner Teile ist,* im Wir denken. Die Identität zur Gemeinschaft zeigt sich, indem wir Verantwortung in der Organisation übernehmen, nicht primär im Eigeninteresse handeln und unsere Talente auch für die Entwicklung anderer einsetzen.

Darüber hinausdenken: Nach A. Einstein *kann man Probleme niemals auf derselben Ebene lösen, auf der sie entstanden sind.* Versucht man es doch, lässt dies eher engagierten Zweckoptimismus, Situationsoptimierung und partielle Symptombehandlung erkennen als herausragende Führungskompetenzen.

Führung muss führen. Dies erfordert die Fähigkeit, über den Tellerrand, der die eigene Abteilungsgrenze oder Unternehmensgrenze repräsentiert, hinauszuschauen. Am einfachsten erreichen Sie das über die Helikopter-Perspektive. Sie erlaubt es, das Denk- und Verantwortungssystem umfassender zu betrachten, als es der zugewiesene Handlungsrahmen vorgibt. Außerdem ermöglicht diese Flugperspektive die Sicht auf Verbindungen und eröffnet eventuell sogar bis dato ungenutzte Möglichkeiten. Durch die höhere Dimension gelangen Sie zu Erkenntnissen über Ihre Verantwortungsgrenze hinaus und können Sinn, Zweck und Rolle Ihres Verantwortungsbereichs besser erfassen sowie einen sicheren Kurs für das Heute und Morgen mitbestimmen.

Dieses Fliegen entspricht einer kognitiven Fähigkeit, die über das ganzheitliche Denken hinausgeht und die ganzheitliche Sicht unterstützt. Gewissermaßen stellt es einen Ebenenwechsel dar, mit dessen Hilfe der Blick für das umfassende Gesamte gewährt wird. Unabhängig davon, welchen strukturell-hierarchischen Platz im Organigramm Sie einnehmen, zeigt sich die Qualität Ihrer Helikopter-Perspektive in Ihren Leadership-Qualitäten.

> **Hinweise zur Wahl Ihrer Flughöhe:**
> 1. Achten Sie beim Abheben darauf, dass Sie nicht irgendwo im weiten Universum schweben und für Ihr Unternehmen (Ihre Abteilung, Ihre Mitarbeiter ...) nicht mehr sichtbar und damit praktisch unerreichbar sind. Halten Sie bewusst Verbindung.
> 2. Wollen Sie weniger Ihre Leadership-Qualitäten als vielmehr Ihre Managementfähigkeiten kultivieren, stellen Sie die Flughöhe einfach auf null. Sie bleiben so in Ihrem zugewiesenen Handlungs- und Verantwortungsbereich.

Der Helikopter-Ansatz zeigt, dass Führung *über das Team, die Abteilung oder das Unternehmen hinaus* denken muss. Relationen bilden den Wesenskern vom Systemverständnis, den Sie über diese Perspektive besser erkennen können.

Wie Sie die neu gewonnene Perspektive praktisch anwenden, lässt sich über folgendes Beispiel erkennen: In vielen Unternehmen begibt man sich als Reaktion auf Probleme im Team zunächst auf die Suche nach dem Schuldigen für das störende Verhaltensmuster. Als beste Lösung erscheint oft, sich vom Mitarbeiter zu trennen und das Problem durch Ursachenanalyse statt Ursachenklärung zu beseitigen. Was aber, wenn die Person aufgrund der vorherrschenden Umstände lediglich Symptomträger und nicht Problemverursacher war? Spätestens dann, wenn andere Personen das gleiche Verhalten zeigen wie die Person, von der man sich getrennt hat, steht eines fest: Die gewählte Lösung war zu kurz gedacht und diente maximal einer kurzfristigen kollektiven Entlastung, ohne den Blick auf das Ganze zu richten. Vergleichen Sie die Situation mit einem Kontrolllämpchen im Auto. Wenn es aufleuchtet, werden Sie eher nicht das Lämpchen austauschen. Besser beraten sind Sie, wenn Sie nach dem eigentlichen Problem suchen und so weit größerem Schaden entkommen.

2.2.2 Verhältnismäßige Ausgewogenheit

Stellen Sie sich einen typischen Hocker zum Sitzen vor. Egal welches Material, welche Größe, welche Farbe. Wie viele Beine muss der Hocker haben, um seinen Zweck zu erfüllen? – Drei. Mit drei Beinen ausgestattet bietet er Stabilität und Sitzkomfort. Ist ein Bein etwas kürzer, sinkt zwar die Bequemlichkeit, aber der Hocker bleibt noch benutzbar. Schwieriger wird's, wenn ein Bein beträchtlich kürzer ist als die anderen und wir quasi auf einem Zweibeiner sitzen müssen. Die Unbequemlichkeit steigert sich zur Unbrauchbarkeit, wenn alle drei Hockerbeine unterschiedlich lang sind.

Was hat ein dreibeiniger Hocker mit Führung zu tun?

Das Geheimnis liegt in der Balance lebendigen Führungsverständnisses. Über eine Struktur (GPA-Schema nach Syst®), in der die Ausgeglichenheit unterschiedlicher Ansätze zählt, lässt sich dies einfach erklären. Dafür stellen wir uns ein gleichseitiges Dreieck vor, dessen Ecken *gleich wertig* sind. Die Ecken repräsentieren wesentliche menschliche Grundressourcen wie Prinzipien, Überzeugungen, Haltungen, Kraftquellen – kurz: Werte. Diese Werte können sich ergänzen oder auch in Spannung zueinanderstehen. Das so gebildete Werte-Dreieck bildet eine triadische Struktur.

Der Begriff der Triade entstammt der altgriechischen Philosophie und betont, dass die **Dreiheit im System** eine Rolle spielt. So bildeten für Platon und Sokrates in der Antike
- » das *Wahre*,
- » das *Schöne* und
- » das *Gute*

eine philosophische Zusammengehörigkeit.

```
              Das
             Wahre
              /\
          Hirn  \
            /    \
           / Antike\
          /Philosophie\
         /            \
       / Herz    Hand  \
     Das ──────────── Das
   Schöne             Gute
```

Der deutsche Philosoph der Aufklärung I. Kant formuliert die Fragen des Menschen derart:
- » *Was kann ich wissen?*
- » *Was darf ich hoffen?*
- » *Was soll ich tun?*

```
              Was kann
              ich wissen?
                 /\
                /Hirn\
               /      \
              / Fragen \
             / nach Kant\
            /Herz    Hand\
  Was darf  ‾‾‾‾‾‾‾‾‾‾‾‾‾  Was soll
  ich hoffen?               ich tun?
```

Auf Unternehmen übertragen bietet sich die Triade
- » *Strategie,*
- » *Kultur* und
- » *Struktur* an.

```
              Strategie
                 /\
                /Hirn\
               /      \
              /Organisation\
             /              \
            /Herz        Hand\
   Kultur  ‾‾‾‾‾‾‾‾‾‾‾‾‾‾‾‾  Struktur
```

Menschliches Verhalten im Allgemeinen basiert auf
- » *Denken,*
- » *Fühlen* und
- » *Handeln,*

was der Idee *Hirn*, *Herz* und *Hand* entspricht. Diese drei Basisfähigkeiten decken unsere kognitiven und emotionalen Grundbedürfnisse sowie jenes des Entscheidungs- und Handlungsbedarfs ab.

37

```
        denken
         /\
      Hirn
       /    \
      / Menschliches \
     /   Verhalten    \
    / Herz        Hand \
fühlen ─────────────── handeln
```

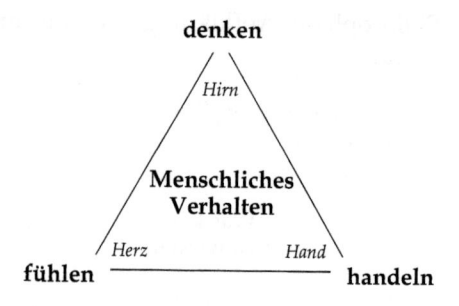

Werte sind unerschöpfliche Quellen

Die Besonderheit von Werten liegt darin, dass sie nicht weniger werden, wenn wir davon nehmen. Wir können uns immer auf diese Ressourcen verlassen. Wenn Sie beispielsweise ein faires Miteinander pflegen und für Sie Fairness handlungsleitend ist, dann können Sie, so oft Sie wollen, fair sein, ohne dass Ihre Grundhaltung abnimmt. Anders also als bei einem Kuchen. Wenn Sie ein Stück essen, wird der Kuchen weniger.

Die angesprochenen Ressourcen lassen sich über die drei Ecken Erkenntnis (Hirn), Vertrauen (Herz) und Ordnung (Hand) über Wortfelder greifbar machen:

```
           Theorie  Klarheit  Innovation  Information
                                                    Reflexion
         Einsicht  Offenheit  Kommunikation  Logik  Effektivität
       lernen und forschen   Wissen   Achtsamkeit  Wahrheit
            Transparenz    Erkenntnis    Zielkompetenz
           Unterscheidung     /\        Veränderung
                            / Hirn \
                           /        \
      Menschenwürde      / Wortfelder \      Abgrenzung
       Miteinander      /    Werte     \     Entscheidung
     Wertschätzung     /  Ressourcen    \    Effizienz
                      / Herz        Hand \
          Vertrauen  ─────────────────── Ordnung

         Sinn   Gemeinschaft        Pflicht   Regeln
         Verbindung  Hoffnung       Struktur  Praxis
           Mut   Gleichwertigkeit   Tat und Handlung
         Harmonie  Zugehörigkeit    Verantwortung
```

Führen mit Hirn, Herz und Hand

Losgelöst von x-beliebigen Führungsrezepten erlaubt die triadische Struktur Orientierung, innere Balance, Fortschritt und Nachhaltigkeit für jedes System, jede Gemeinschaft, jede Organisation. Erfolg oder Misserfolg, Stagnation oder Entwicklung, Harmonie oder Konfliktpräsenz haben direkt mit der Wirksamkeit einzelner oder mehrerer systemischer Zusammenhänge zu tun. Führung über den Dreiklang Hirn, Herz und Hand ermöglicht Erkenntnisse über diese Zusammenhänge. So bedeutsam jeder einzelne Zugang für sich erscheint, können Sie in Führung erst in einer wechselwirksamen Balance zwischen Hirn, Herz und Hand nachhaltig wirksam werden. Balance versteht sich dabei nicht als *Gleich-Gewicht*, sondern als verhältnismäßige Ausgewogenheit, die keinesfalls statisch, sondern dynamisch wirkt. Die Balance zwischen Hirn, Herz und Hand stellt kein Muss dar, sondern eine führungsbereichernde Möglichkeit.

Sie könnten beispielsweise viel Zeit und Energie investieren, um die Identifizierung der Mitarbeiter zum Unternehmen zu erhöhen oder den Teamgeist und das Unternehmensklima zu verbessern. Wenn gleichzeitig Transparenz über Entscheidungen und Zielvorgaben fehlen oder weitere wesentliche Informationen rudimentär fließen, kann sich das Gefühl von Zugehörigkeit oder Verbundenheit kaum einstellen. Eher tauchen anstelle dessen Frustration oder Gedanken zur inneren Kündigung auf. Wenn Informationen zu Hintergründen oder Konsequenzen fehlen, darf es auch nicht wundern, wenn der Wille zur Übernahme von Verantwortung oder die Motivation als Ganzes sinken.

Sie könnten auch viel Energie und Know-how in die optimale Struktur der Organisation investieren und Abläufe und Regulierungen akribisch detailliert designen. Wenn Sie trotz allem Design vergessen, auch den Siegeswillen, die innere Einstellung oder das intrinsische „*Wir machen es!*" abzuholen, verfehlen Sie jenen Output, der bei ganzheitlicher Betrachtung erreichbar wäre.

> **Weitere Anwendungsbeispiele für Hirn, Herz und Hand:**
>
> Sich zu erlauben, Führung umfassend(er) wahrzunehmen, setzt voraus, dass der vorgestellte Ansatz verinnerlicht wird. Zur Inspiration betrachten wir einige Anwendungsfälle:
>
> *Einen guten Teil Ihrer Zeit verbringen Sie mit E-Mails.*
> *Was macht (diese) Kommunikation wirksam?*
> » Der Inhalt/Auftrag ist klar und verständlich.
> » Der Empfänger fühlt sich persönlich angesprochen.
> » Die Mail enthält eine Handlungsaufforderung.
>
> *Was braucht es, damit Sie bestmöglich Ihre Leistung erbringen?*
> » Leistungs-Fähigkeit
> » Leistungs-Bereitschaft
> » Leistungs-Möglichkeit
>
> *Fragen zur Unternehmenskultur: Welche möglichen Perspektiven könnten Sie einnehmen?*
> » Wie beachten Sie Kreativität und Wahrnehmungsfähigkeit für neue Entwicklungen?
> » Wie fördern Sie das Vertrauen für eigenverantwortliches Arbeiten?
> » Wie entwickeln Sie tragfähige Führungsstrukturen?
>
> *Führung: Welches sind typische Aufgaben von Führung?*
> » Strategische Richtung für das Unternehmen entwickeln.
> » Beziehung zu Mitarbeitern gestalten.
> » Rahmen und Strukturen definieren.

2.2.3 Führung ist Leadership und Management

Sind Sie in Ihrem Unternehmen *overmanaged*? Verwechseln Sie Bürokratie mit Normalität? Und sind Sie deshalb eher *underleaded*? Oder, halten sich Management und Leadership bei Ihnen die Waage? R. Seliger bringt den Unterschied von Leadership und Management plakativ auf den Punkt: „*Management ist das Bemühen, das Meiste aus der Organisation und aus den Menschen herauszuholen. Leadership ist das Bemühen, das Beste in der Organisation und den Menschen zu entfalten."* Management konzentriert sich demnach eher auf betriebswirtschaftliche Belange, während Leadership vermehrt den Blick auf Menschen, Visionen und Emotionen legt.

Leadership setzt auf systemisches Denken. *Erkennt* also nach R. Seliger *an, dass Unternehmen lebendige (nicht-triviale) Systeme sind, welche eigensinnige, selbstgesteuerte, unberechenbare sowie ungeahnte Entwicklungen ermöglichen.* Das Unternehmen dabei zu unterstützen, sich in eine bestimmte Richtung zu bewegen bei gleichzeitigem Wissen, dass die Richtung nicht zu hundert Prozent vorgegeben werden kann, wirkt handlungsleitend für Leader.

	Unterschiede	
	Management	**Leadership**
Fokus:	Strukturen aufbauen, erweitern, administrieren	Menschen entwickeln, Abläufe gestalten
Einstellung:	Verwalten, machen	Entwickeln
Handlungsleitend:	Dinge und Menschen in Bewegung setzen. Methoden, Techniken, Kontrolle, Sanktionen	Vertrauen inspiriert. Menschen anregen und zu Spitzenleistungen befähigen, Verantwortung übertragen
Wirken:	Im System Tagesgeschäft/dringend Kontinuität	Auf das System Zukunftsarbeit/wichtig Innovation
Probleme:	Kreastive Problemlösung	Neue Chancen und Möglichkeiten entdecken und umsetzen
Lösungen:	Kontinuität, Ergebnisorientierung	Entwicklungshorizont

In der Tabelle sind einige Unterschiede zwischen Management und Leadership aufgelistet. Im unternehmerischen Kontext macht jedoch ein gegensätzlicher oder konkurrierender Ansatz wenig Sinn. Ganz im Gegenteil: Management und Leadership ergänzen sich. Es braucht sowohl das Eine als auch das Andere. Es braucht die Balance zwischen Management und Leadership. Ob eine Führungskraft nun mehr Management- oder Leadership- orientiert handelt, hängt sowohl von der Situation als auch vom Kontext ab.

Die von innen wirkende Ausgewogenheit in Organisationen lässt sich erzielen, indem wir unseren Blick auf drei wirksame Elemente von Führung legen:

» Mitglieder einer Organisation brauchen Orientierung: **WAS sind die Ziele und Aufgaben?**
» Sinn und Zweck des Ganzen erklären sich über: **WOZU machen wir das?**
» Die Umsetzung der Ziele und Aufgaben erfordert Rahmenbedingungen: **WIE werden Ziele und Aufgaben erreicht?**

Führung in Balance antwortet auf das WAS, WOZU und WIE mit Effektivität, Sinn und Effizienz. Oder, wie es P. Drucker ausdrückt: *„Management is doing the things right. Leadership is doing the right things."*

» **WAS:** Effektiv handeln bedeutet, die richtigen Dinge tun, was unserem kognitiven Grundbedürfnis, also dem Wunsch nach Information, Transparenz oder Klarheit entgegenkommt.
» **WOZU:** Dem emotionalen Grundbedürfnis kann Führung nur über Zugehörigkeit, Beziehungen, Wertschätzung und Sinn begegnen.
» **WIE:** Effizienz steht dafür, Dinge richtig zu tun und Mittel richtig einzusetzen. Die praktische Erledigung ist mit Entscheidungs- und Handlungsbedürfnissen eng verbunden.

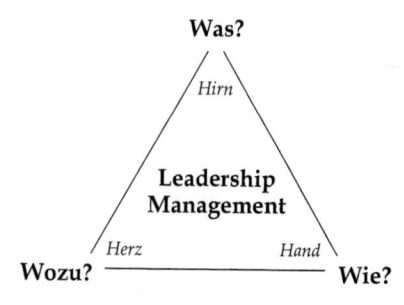

```
                    Was?
                    /\
                   /  \
                  / Hirn\
                 /      \
                /Leadership\
               / Management \
              /              \
             / Herz     Hand  \
        Wozu? ——————————————— Wie?
```

Selbst wenn wir Leadership eher im WAS und WOZU erkennen und Management das WIE ergänzt, gilt: Professionelle Führung erkennen wir daran, dass alle drei Zugänge ausgeglichen sind. Genau dann, wenn sowohl Leadership- als auch Managementqualitäten anerkannt und gelebt werden, bewegt sich Führung in Balance. **Führung ist beides: Management und Leadership.**

Welche Fähigkeiten nun bringen Leader mit und was sind Besonderheiten von Leadership-Führung?

Gute Führungskräfte fallen weder vom Himmel, noch ist Führung angeboren, in neun Monaten entwickelt oder käuflich. Tatsächlich bringen gute Führungskräfte Eigenschaften mit, die sie von anderen Mitmenschen maßgeblich unterscheiden.

Das Werkzeug selbst macht niemanden zum Meister: Leadern werden viele positive Eigenschaften zugeschrieben. So zum Beispiel Offenheit, Neugierde, Begeisterungsfähigkeit, Belastbarkeit, Kommunikationsgeschick oder Durchhaltevermögen. Allen Voran zeichnen sich Leader durch herausragende soziale Fähigkeiten aus. Sich selbst zurücknehmen und Mitarbeiter als wertvolle Ressource einbinden, anleiten und empowern bilden die Basis von lebendigem Leadership. Sie benötigen dafür weder Managementtechniken noch die Bedienungsanleitung einer Führungstoolbox. Auch keine Ratgeber wie die *10 Gebote zur Turbokarriere*, *101 Erfolgsrezepte* oder *21 Wege zur Macht*. Bedenken Sie: Das Werkzeug selbst macht niemanden zum Meister! Quellen erfolgreichen Leaderships lassen sich neben der Umsetzungskompetenz auf menschlich verträgliche Charakterzüge zurückführen, wie: angenehm, teamorientiert aber kooperativ im persönlichen Umgang, positive Grundeinstellung u.v.a.m.

Vision und Ziele: Viele Menschen haben Visionen. Bei vielen aber bleiben Visionen eher Luftschlösser oder rosarote Traumwelten. Einige unter ihnen glauben an ihre eigenen Visionen. Und wenige davon sind Leader. Als Menschen der Tat sind sie mit einer gewissen Forschheit ausgestattet. Und es ist ihnen die Kraft eigen, an ihre Vision fest zu glauben. Sie sind überzeugt von der Sache, gehen mit Mut über den operativen Alltag hinaus und verstehen es wie kaum andere, ein emotionsgeladenes Bild einer anzustrebenden Zukunft zu vermitteln. Ihre Vision gibt mehr als nur die Sicht nach vorne frei. Ihre Vision lässt sich über den Sinn verstehen, begeistert und bewegt. Die Ziele sind eng mit der Vision verbunden. Sie beinhalten magische Kraft, solange der sinnstiftende Mehrwert für alle Beteiligten erkennbar bleibt. Ausreichend hoch gesetzte Ziele spornen den Siegeswillen im Team an und lassen Engagement sowie eine nach vorwärts gerichtete Energie frei.

Leader verstehen es also, Menschen über das entworfene Bild der Zukunft für sich zu gewinnen, zu begeistern und zu Höchstleistungen zu motivieren.

Vertrauen als Basis: Anstatt auf Macht und Statusgehabe setzen Leader auf ihre Glaubwürdigkeit und Zuverlässigkeit als Gewissen, das hält, was es verspricht. Das heißt nicht, dass sie das eigene Licht unter den Scheffel stellen und auch nicht, dass hierarchisch alle gleichgestellt sind. Ein Unterschied liegt darin, dass sie menschlich auf Augenhöhe bleiben. Sie lassen sich zudem nicht von jeder Windböe umwehen, unterlassen Launenhaftigkeit im zwischenmenschlichen Miteinander und bleiben als Mensch berechenbar. Menschen spüren diese auf Vertrauen basierenden Unterschiede.

Obwohl diese Vertrauens-Währung weich ist, entfaltet sie ihre Wirkung als sozialer Klebstoff in Beziehungen. Führen auf einer Vertrauensbasis inspiriert und lässt schöpferische Kreativität entstehen. Mit Vertrauen, Respekt und Wertschätzung gelingt es, Teamarbeit so zu leben, dass sich die Teammitglieder gerne einbringen und gemeinsam den Blick auf die beste Lösung richten.

Aufmerksame Kommunikation: Führung ist Kommunikation. Die kommunikative Spreu vom Weizen trennt sich jedoch nicht erst im Gespräch: Ein Leader ist ein guter Beobachter, der gleichzeitig weiß, dass seine Sichtweise nur bedingt stimmen kann. Vertrauend auf seine Intuition und ausgestattet mit einer gewissen Alert-Wahrnehmung holt er Perspektiven von Mitarbeitern und weitere Informationen frühzeitig ein, um rechtzeitig eingreifen zu können.

Im Gespräch hören Leader aktiv zu. Aktives Zuhören unterscheidet sich vom scheinbaren Zuhören durch die Aufmerksamkeit, die wir unserem Gegenüber widmen: *Sind wir noch im Gespräch oder gedanklich bereits beim Mittagessen, im nächsten Meeting oder sonst wo?* Aktives Zuhören ist die Kunst im Hier und Jetzt zu sein und sich dem Gegenüber voll und ganz zu widmen.

» *Haben Sie ehrliches Interesse am Gesprächspartner?*
» *Vermeiden Sie Störfaktoren (z.B.: parallel geführte Telefonate)?*
» *Hören Sie zu, ohne mit Lösungsvorschlägen zu punkten?*
» *Nehmen Sie eine positive Körpersprache ein?*

Der Unterschied von hören, hinhören und aktiv zuhören liegt in Ihrer wahrnehmenden und reflektierenden Anwesenheit im Gespräch. Ihre Empathie lässt Sie sowohl mit dem Kopf als auch mit dem Herzen hören, sprechen und handeln. Sie fördern gegenseitiges Verständnis und bilden so den Humus, auf dem aus Kontakten vertrauensvolle Beziehungen wachsen. Auf den Punkt gebracht: Sie bleiben menschlich.

Geben und Nehmen: Leader setzen auf die Wirkung dieses uralten Erfolgsprinzips. Denn sie wissen: Nur derjenige, der gibt, kann langfristig mit Erfolg rechnen. So verwenden sie das Gehörte und Beobachtete nicht alleine zur Realisierung der eigenen Ideen. Viel eher setzen sie die Informationen nutzbringend und wohlwollend zur Entfaltung des Teams ein. Sie versuchen, andere richtig zu interpretieren und können Stärken und Schwächen realistisch einschätzen. Denn sie legen das Augenmerk einerseits achtsam auf die Stärken der Menschen und unterstützen andererseits vielleicht auch ungenutzte Fähigkeiten, die es zu entdecken und zu aktivieren gilt.

Diese Haltung setzt auf Rahmenbedingungen, wie Freiräume für das Sammeln von Erfahrungen oder eine konstruktive Fehlerkultur. Selbstverwirklichung fördern, Eigenverantwortung stimulieren sowie Ziele gemeinsam auf partnerschaftliche Art und Weise mit Menschen erreichen sind Wesenszüge von Leadership-Systemen. Es versteht sich von selbst, dass dies nur vor dem Hintergrund einer konstruktiven und zwischen Geben und Nehmen ausbalancierten Feedback-Kultur verankert werden kann.

KISS (keep it short and simple): Zur Empathie und Aufmerksamkeit im Gespräch fügt sich eine weitere hervorzuhebende Eigenschaft von Leadern hinzu: Anstatt ausschweifend und nichtssagend zu kommunizieren, bringen sie die Dinge auf den Punkt. Sie konzentrieren sich auf Wichtiges, haben ein klares Gesprächsziel vor Augen und bleiben sachlich beim Thema. Mit einfacher, verständlicher und glaubwürdiger Sprache bleiben sie beim Zuhörer und vermitteln dazu auch noch abstrakte Themen greifbar. Floskeln, Worthülsen auf Hochglanzfolienniveau klammern Leader zugunsten einer präzisen Sprache aus.

In Verhandlungen bleiben Leader offen für neue Ideen, lösungsorientiert und kompromissbereit. Sie tauschen unterschiedliche Ansätze oder Sichtweisen aus und akzeptieren bzw. anerkennen andere Standpunkte, anstatt sie abzuwerten.

3 Sie in Führung

In dir muss brennen,
was du in anderen entzünden willst!
(Hl. Augustinus)

3.1 Ihr Erfolg in Führung

Ob Erfolg nun glücklich macht, beflügelt oder in den Sternen steht. Menschen wollen erfolgreich sein. Wer aber bestimmt, dass Sie in Führung erfolgreich sind? Und wie lässt sich dieser Erfolg feststellen?

Eine objektive Definition von **beruflichem Erfolg** ist schwer darstellbar, wie folgender Gedanke zeigt: Erfolgreich ist, wer ein vorgegebenes Ziel erreicht hat. Gesteckte Ziele können sich auf persönlich formulierte Ziele (Bsp.: Top-Führungsposition erreichen) oder auf unternehmensbezogene Ziele (Bsp.: Top-Umsatzquote erreichen) beziehen.

Hinsichtlich ihrer Aussagekraft müssen Ziele mit dem jeweiligen Umfeld und den dort vorherrschenden Bewertungskriterien in Bezug gesetzt werden. So ist die Top-Führungsposition in einem mittelständischen Unternehmen mit 150 Mitarbeitern die des Geschäftsführers. In einem Konzern für 150 Mitarbeiter zuständig zu sein, bedeutet jedenfalls, eine Top-Führungsposition zu haben. Konzernintern betrachtet ist es aber eine von vielen.

Die Form des Ziels und der Aufwand, dieses zu erreichen, hängen von Faktoren des betrachteten Systems ab. Erfolg knüpft weiters an das Werte- und Beurteilungssystem des Einzelnen an. So mag die eine Konzern-Führungskraft über den erreichten Karriereerfolg zufrieden sein. Eine andere betrachtet die Verantwortung für 150 Mitarbeiter maximal als Teilerfolg.

Unternehmenserfolg bezieht sich auf das (positive) Resultat aus der wirtschaftlichen Tätigkeit. Dieser entsteht weder per se noch aus dem Nichts. Vielmehr ist er das messbare Ergebnis der Summe aller in die Sache investierten Anstrengungen. So gesehen entspricht der Unternehmenserfolg auch der Gegenleistung dafür, dass das Unternehmen Geld in Form des Gehalts in die Leistung von Mitarbeitern investiert. Und je mehr sich Mitarbeiter als gemeinsam kooperierende Partner verstehen, desto eher stellt sich Unternehmenserfolg ein.

Der über Zahlen messbare Unternehmenserfolg gibt nur bedingt Auskunft darüber, wie erfolgreich Führung jenseits der wirtschaftlichen Kennzahlen führt. Zeigt uns doch die Realität auch, dass menschenfeindliche Kommunikationsbanausen und Ekelpakete genauso in Führungssesseln sitzen, wie Persönlichkeiten, die faire und wertorientierte Mitarbeiterführung leben. Die Wahrscheinlichkeit aber, dass eine Führungskraft wegen schlechter Unternehmensergebnisse den Hut ziehen muss, ist höher als wegen unzureichender Führungskompetenz. Allgemein sei hier ergänzt: Obwohl gute Führungskräfte nicht jedes Unternehmen erfolgreicher machen können, können schlechte Führungskräfte jedes Unternehmen in den Untergang führen, wenn man sie lange genug lässt.

H. Ford meinte: *„Das Geheimnis des Erfolges ist, den Standpunkt des anderen zu verstehen."* Die Herausforderung, Bewertungskriterien für **erfolgreiche Führung** zu suchen, die sich über Zahlen, Daten, Fakten hinaus bewähren, bleibt bestehen und verlagert sich auf sogenannte soft Skills.

3.2 Ihre authentische Haltung

Haltung als Begriff wird in der Psychologie gleichgesetzt mit der Einstellung eines Individuums gegenüber Personen, Personengruppen, Dingen oder Situationen. Im Laufe unseres Lebens entwickelt jeder (wertende) Annahmen, Überzeugungen, Emotionen und Verhaltensweisen, die sich in der individuellen Einstellung abzeichnen. L. Wittgenstein schrieb: *„Die Welt des Glücklichen ist eine andere als die des Unglücklichen."* Er zeigt auf, dass sich in unserer Einstellung unser Weltbild, das Bild über andere Menschen und jenes über uns selbst genauso widerspiegelt, wie Werte, die für uns wichtig sind.

Ihre Haltung entspringt Ihren Gedanken und Ihre Haltung bestimmt Ihre Handlungen. Mit Ihrer Haltung hinterlassen Sie (Sinn-) Spuren in Ihrem Umfeld. Eine positive innere Grundeinstellung und der Mut zur Selbstkritik bilden unverzichtbare *must-haves* für Führung.

Werte wie Glaubwürdigkeit, Echtheit oder Treue zu sich selbst begründen eine vorbildhafte Haltung. Gemeint ist damit nichts anderes als die Authentizität von Führung: *Meinen Sie, was Sie sagen und handeln Sie auch so!* Oder anders formuliert: *Wenn Sie Wein trinken wollen, dann tun Sie's. Predigen Sie jedoch kein Wasser.* Authentisch sein ist in seiner Bedeutung wesentlich kräftiger, natürlicher und unverfälschter als der Begriff des Vorbilds, der ohnehin eher die Vorstellung anderer abdeckt. Diese Anderen besitzen jedoch feine Antennen und bemerken sofort, ob Sie Ihr *wahres Ich* zeigen (und authentisch sind) oder nicht.

3.3 Ihre Kernkompetenzen in Führung

Dornröschen: Nach vielen Jahren des Schlafs wacht Dornröschen auf, aber es steht niemand da, der sie retten will. So schläft Dornröschen wieder ein. Jahre vergehen und sie wacht erneut auf. Sie schaut nach links, nach rechts, nach oben. Aber wiederum ist niemand da; weder ein Prinz noch ein Mann mit einer Heckenschere. Und so schläft sie weiter. Schließlich wacht sie ein drittes Mal auf. Sie öffnet ihre schönen Augen – aber weit und breit ist niemand zu sehen. Da sagt sie zu sich selbst: „Jetzt reicht's!" Sie steht auf und ist erlöst. (Quelle: Open System Model. Der Sinn für das Ganze, K. Poostchi)

Fragen Sie Führungskräfte, was sie an ihrer Rolle besonders motiviert, erhalten Sie nahezu immer auch Antworten, die dem Motto *„Gestalten statt verwalten"* folgen. Das Gestaltungsbedürfnis setzt voraus, dass Sie handlungsfähig bleiben, also agieren statt reagieren, Veränderungen erkennen und die Initiative ergreifen statt hinterherzulaufen. **Agierende Menschen** wählen eigenständig wie und wann und wo sie sich einsetzen. Sie zeigen sich verantwortlich für das, was sie tun, und vor allem auch für das, was sie nicht tun.

In jedem Fall sind sie bereit, die Konsequenzen ihres Handelns zu tragen. Der Zauber liegt in der Selbstbestimmtheit des Machers oder Leaders. Diese Personen ziehen sich nicht aus der Verantwortung, in dem sie sich als Opfer äußerer Umstände bejammern. Menschen hingegen, die sich darauf beschränken, das zu tun, was andere oder die Umstände von ihnen einfordern, reduzieren ihre Entscheidungsfreiheit auf jenes Maß, das sie von anderen zugeteilt bekommen. Sie bieten sich als Spielball der anderen an.

Reagierende Muster lassen sich u.a. in der Nachhaltigkeit von Problemlösungen erkennen. Menschen im Allgemeinen sind darauf trainiert, auf Probleme zu reagieren. Bei der Lösung erfassen sie die Situation als Gesamtes jedoch häufig nicht, da nur Teilaspekte lösungswürdig scheinen oder die Zeit fehlt, das Ganze in Ruhe durchzudenken. Mit der Lösung der identifizierten Teilaspekte hoffen diese Menschen, dass das Problem vom Tisch ist. Aber ach – wenig später drückt an einem anderen Teilaspekt der Schuh. Mit reagierendem Verhalten entsteht also eher ein Flickwerk von Lösungen, wohl wissend, dass das Ganze mehr ist als die Summe der kleinen (reaktiven) Korrekturen!

Ihrem Veto zuvorzukommen: Die unternehmerische Praxis zeigt letztlich einen Mix aus Agieren und Reagieren. Entscheidend bleibt das Mischungsverhältnis. Sollten Sie selbst sich eher in der an Geschwindigkeit nicht zu überbietenden Reaktionsschleife befinden, wird's Zeit genau hinzuschauen und auszubrechen! – Damit Sie wieder handlungsfähig werden. Bedenken Sie dabei: Nicht das Hamsterrad der Führung zwingt Sie, so schnell zu laufen. Sondern es dreht sich so schnell, weil Sie so schnell laufen. Sollte sich Widerstand in Form von „*Nein, ich kann nicht!*" regen, ersetzen Sie das Wörtchen *können* durch das Wörtchen *wollen*. Erkennen Sie die versteckte Kernbotschaft und verabschieden Sie sich aus der Opferrolle! – Übernehmen Sie Verantwortung!

Wer eine **Handlungsstrategie** wählt, lehnt zeitgleich bewusst Alternativen ab und übernimmt auch Verantwortung für die Folgen des gewählten Weges. Im Wesentlichen gibt es drei Handlungsstrategien als Option:

» *Love it*: Leben Sie das, was Sie tun!
» *Change it*: Ändern Sie etwas, handeln Sie! Warten, bis andere es für Sie erledigen, lohnt sich nicht.
» *Leave it*: Verlassen Sie das Unternehmen oder Ihre Führungsfunktion.

Erfolgreiche Führung vor dem Hintergrund dynamischer Komplexitäten im Innen und im Außen der Organisation fußt darauf, handlungsfähig zu bleiben. Handlungskompetenz, als ganzheitliche Qualifikation und Motivation betrachtet, basiert auf folgenden Kompetenzen:

» fachliche
» soziale
» methodische

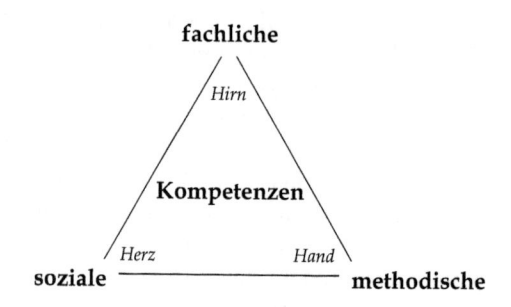

```
                fachliche
                   /\
                  / Hirn \
                 /        \
                / Kompetenzen \
               /              \
              / Herz    Hand   \
        soziale ─────────── methodische
```

Fachliche Kompetenzen: Führungskräfte sind nicht deshalb Führungskräfte, weil sie in fachlichen Fragen besser sind. Sicher. – Fachkompetenz brauchen sie: Und zwar mehr, je näher sie zur Facharbeit stehen und Mitarbeiter direkt führen bzw. weniger, wenn sie Führungskräfte führen. Fachliches Know-how ist letztlich etwas, das sie entweder gelernt haben und mitbringen oder sich – das notwendige Interesse vorausgesetzt – *relativ* einfach aneignen können. Über die branchenspezifische Fachkompetenz hinausgedacht, zeigt sich die kognitive Kompetenz von Führung in der analytischen und strategischen Intelligenz.

Soziale Kompetenzen: Bei den sozialen Kompetenzen tauchen beispielsweise Fragen folgender Natur auf: *Wie baue ich Beziehungen und Netzwerke auf? Wie erreiche ich Zusammenarbeit? Wie halte ich mein Team leistungsfähig? Wie steuere ich unsere Veränderung in eine sichere Welt? Wie lebe ich meine Werte vor und wie beziehe ich jene der Mitarbeiter ein? Wie kommuniziere ich?* Soziale Kompetenzen leiten sich über Beziehungen, Einfluss und auch über ein gewisses politisches Bewusstsein ab. Letztlich zeigt sich Ihre soziale Ader in Ihrem guten Händchen für Menschen über Empathie und emotionale Intelligenz als charakterliche Wesenszüge.

Methodische Kompetenzen: Für sich betrachtet erscheinen methodische Kompetenzen beinahe trivial. Den Zugang zu diesen Kompetenzen bilden Methoden und Werkzeuge zu Lern- und Arbeitsmethoden genauso wie zur Gesprächsführung, Planungs- und Organisationswerkzeuge, Leistungsbeurteilung u.v.a.m. Wesentlich dabei ist: Methoden erzeugen erst durch die anderen angesprochenen Basisfähigkeiten ihre Wirkung.

3.4 Wen oder was führen Sie?

Das angeführte Potpourri an fachlichen, sozialen und methodischen Fähigkeiten gilt es nun in Ihrer Führungsrolle praktisch entlang Ihrer Herausforderungen anzuwenden.

Ihre zentrale Führungsaufgabe lautet: Die Organisation in ihrer Komplexität und Dynamik erfolgreich in die Zukunft führen. Fragestellungen wie Sie die Gegenwart lebendig halten und wie Sie die Organisation für die Zukunft erneuern, wollen von Ihnen beantwortet und mit Ihnen umgesetzt werden.

Innerhalb der Organisation gibt es unterschiedliche Aufgaben, denen Mitarbeiter mit Leistung begegnen. Die unternehmerischen Erwartungen und Ansprüche sind dabei nicht zwangsläufig ident mit den Bedürfnissen und Möglichkeiten der Menschen. Ihre Aufgabe ist es nun, die sich daraus ergebenden Spannungen auszubalancieren. Spannungen sind für sich nichts Negatives, sondern stellen eine wertvolle Ressource dar. Die hohe Kunst liegt darin, dies erstens zu erkennen und zweitens die Kraft der Spannung Schritt für Schritt in sinnvolle Veränderung und Weiterentwicklung umzulenken.

Naturgemäß sind Sie als Bindeglied zwischen der Organisation und den Mitarbeitern auch selbst Teil der Spannungen. Was nahelegt, dass Sie nicht nur Menschen und Organisationen führen, sondern über Ihre personale Kompetenz als wertvolle individuelle Ressource vor allem sich selbst führen müssen: *Wie führen Sie sich selbst und wie meistern Sie den Führungsalltag? Wie bewältigen Sie als Person Ihre Herausforderungen? Wie halten Sie Ihre Work-Life-Balance? Welches ist Ihr innere Einstellung und Ihr Menschenbild?*

Neben den (externen) Erwartungen geht es im Kern um Ihre individuelle Erfolgsorientierung, Ihr Selbstvertrauen, Ihre persönliche

Energie und Effizienz. Emotionale Stabilität und realistische Einschätzung der eigenen Stärken und Schwächen runden die personale Kompetenz ab.

Wen oder was führen Sie? – Die Antwort auf diese Frage erhalten wir über drei Perspektiven, auf die in den nachfolgenden Ausführungen näher eingegangen wird:

- » Sich selbst führen
- » Menschen führen
- » Organisation führen

```
                 sich selbst
                    / \
                   /Hirn\
                  /      \
                 /  Wen oder was \
                /   führen Sie?   \
               / Herz       Hand   \
        Menschen ─────────────── Organisation
```

4 Sich selbst führen

*Nur wenige Führungskräfte sehen ein,
dass sie letztendlich nur eine Person führen müssen.
Diese Person sind sie selbst.*
(P.F. Drucker)

Es ist unbestritten: Zeit- und Selbstmanagementkompetenzen zählen zu den Schlüsselfähigkeiten von Führungskräften. Nicht zuletzt auch deshalb, da sich Selbstmanagement positiv auf die Leistungsfähigkeit und Lebenszufriedenheit auswirkt. Somit lohnt ein Blick auf uns, die wir führen wollen, denn: *„Nur wenige Führungskräfte sehen ein, dass sie letztendlich nur eine Person führen müssen. Diese Person sind sie selbst."* Laut P.F. Drucker liegt der Beginn von Führung drin, dass *man sich selbst erkennt*. Was so viel bedeutet wie: Ihre größte Herausforderung sind Sie selbst. Erst wenn Sie sich selbst begegnen, können Sie anderen begegnen. Sie werden dann am weitesten kommen und die richtigen Dinge tun, wenn Sie bei sich selbst bleiben und Ihren kultivierten Charakter zum Fundament Ihrer Führungsarbeit machen.

Selbstführung versteht sich sowohl als Ziel als auch als Mittel, um wirksam zu handeln und gleichzeitig zufrieden zu sein. Praktisch setzt Selbstführung auf persönliche Strategien, die dabei unterstützen, Ziele, Zeit, Optimismus, Finanzen, Gesundheit, Beziehungen und Netzwerke, Wissen, Stress oder Konflikte zu organisieren. Dahinter liegt die individuelle Fähigkeit, persönliche Ziele, Werte und Motive so in Einklang zu bringen, dass gesteckte Ziele erreicht werden und zufrieden machen. Schaffen Sie es nicht, Werte, Motive und Ziele in Einklang zu bringen, empfiehlt es sich, Ihre Ziele anzupassen. Die Logik dabei ist einfach erklärt: Ihre Werte und Motive haben Sie über lange Zeit erlernt bzw. kultiviert. Ihre Ziele bleiben im Vergleich dazu variabler.

Hinter Selbstführung liegt die Absicht, die Eigenwirksamkeit zu erhöhen, indem Sie die Lernfähigkeit steigern und das persönliche Wachstum durch neu erworbene oder weiter entwickelte

Fähigkeiten fördern. Übrigens: Eigenwirksamkeit wirkt. – Allein die Überzeugung, dass wir etwas selbst durchführen, ändern oder beeinflussen können, motiviert uns, Herausforderungen aktiv anzugehen. Getreu der Lebensweisheit *„Der Glaube versetzt Berge"* wirkt der Glaube an uns wie vergoldetes psychologisches Kapital. Das Vertrauen in unsere Fähigkeiten ist dabei sogar wichtiger als unsere tatsächlichen Fähigkeiten. Aus dieser Betrachtungsweise formt sich Selbstwirksamkeit als Bindeglied zwischen dem, was wir wollen und dem, was wir können. Selbst dann, wenn nicht immer alles möglich ist, bleibt immer etwas möglich.

Mit Selbstführung übernehmen Sie spezielle Verantwortungen:

» Die Verantwortung, die Sie für Ihre eigene Entwicklung und persönliche Reife übernehmen.
» Die Verantwortung, die selbstverpflichtend und durch konsequente als auch systematische Reflexion wirkt.
» Die Verantwortung, die Sie Ihrer physischen Leistungsfähigkeit und mentalen Energie schulden.
» Die Verantwortung, die Ihre inspirierenden Zukunftsperspektiven eng mit dem tieferen Sinn Ihrer persönlichen Entwicklung verbindet.

Guter Anfang ist halbe Arbeit. **Selbstreflexion** ist der erste Schritt zu Selbstführung. Selbstreflexion ist im Grunde selbstaufmerksames *Über-sich-selbst-nachdenken* und eigene Emotionen und Antriebe erkennen (bzw. verstehen). Sie zeigt sich, in dem wir uns selbst vertrauen, uns realistisch einschätzen und uns mit einer gesunden Portion Humor auch kritisch beäugen können: Der bewusste Blick in den Spiegel bietet unverfälschte Erkenntnisse sowie die einen oder anderen Aha's und Oh's an. Das Spiegelbild entspricht sozusagen einer Analyse Ihres IST-Zustands. In einem nächsten Schritt sind Sie eingeladen, die gewonnenen Erkenntnisse für sich zu bewerten und Ihren persönlichen SOLL-Zustand zu vereinbaren. Last but not least folgt die Frage nach den Konsequenzen, die Sie aus dem IST-SOLL-Vergleich für sich ziehen. Dieser Blick auf Ihr Spiegelbild, also die bewusste Auseinandersetzung mit Ihrer Persönlichkeit und Ihrem Verhalten, könnte auch in folgender Frage münden: *Hätten Sie selbst Freude daran, für Sie als Führungskraft zu arbeiten?*

Sich selbst führen heißt sich selbst kennen. Der Knackpunkt dabei ist: Wenn es so einfach wäre, dann könnten wir alle uns auf unsere gute Selbstführung verlassen. Einige Facetten, die auf Sie in (Selbst-)Führung einwirken, werden nachfolgend unter die Lupe genommen.

4.1 Motive

Alles Gute, was geschieht, setzt das nächste in Bewegung.
(J.W. Goethe)

Menschliches Verhalten wird von einer Reihe von Faktoren, wie Fähigkeiten, Persönlichkeitsstruktur, Motivation, materielle und soziale Umwelt bestimmt. Verhalten entspringt nicht einer einzigen Ursache, sondern setzt sich aus äußeren und inneren Faktoren zusammen. Menschliches Verhalten, das auf die Einwirkung eines Verursachers zurückgeht, können wir eher als verursacht auffassen. Dieser Verursacher ist Ihr Motiv, Ihr Beweggrund für Ihr Verhalten. Ihr Motiv stellt eine wertvolle Ressource dar, die nicht von der Tagesverfassung abhängt. Das handlungsleitende Motiv begleitet uns treu ein Leben lang: Menschen, denen Ordnung (als Motiv) wichtig ist, agieren anders, als jene, die lieber flexibel vorgehen. Jene, denen Status wichtig ist, anders als diejenigen, die Bodenständigkeit als Beweggrund haben.

Menschen sind dann am erfolgreichsten tätig, wenn ihr Handeln und Verhalten mit den persönlichen Motiven übereinstimmen. So bleiben beispielsweise für jene mit einem starken Sicherheitsmotiv Handlungsmöglichkeiten unerschlossen, wenn sie in einem Risiko betonten Umfeld arbeiten.

Ihre Motive

Das Motiv entscheidet mit, was Menschen ins Tun bringt und was eher nicht. Auf die Schliche kommen Sie Ihren Motiven mit u.a. folgenden Fragen:

- » *Was treibt Sie im Grunde Ihres Herzens an?*
- » *Was bringt Sie so richtig in Bewegung und macht Ihnen Spaß?*
- » *Was könnten Sie den ganzen Tag tun und dabei die Zeit vergessen?*
- » *Was würden Sie – ohne Geld dafür zu bekommen – tun?*

Mögliche Motive finden Sie unter: http://www.motivation-analytics.eu/motivationspotenzialanalyse/die-motive/ *(Mai 2018)*

4.2 Werte

Der Wert von 100 Euro: Ein Referent hielt eine 100 Euro-Note hoch und fragte die Anwesenden: „Wer möchte die 100 Euro haben?" Alle hielten die Hände hoch. Er sagte: „Ich werde die 100 Euro einem von euch geben. Lasst mich zuerst noch eines tun." Er zerknitterte den Geldschein. Dann fragte er: „Möchte ihn immer noch jemand haben?" Die Hände waren alle noch oben. Also erwiderte er: „Was ist, wenn ich das tue?" Er warf die Banknote auf den Boden und rieb ihn mit den Schuhen am schmutzigen Untergrund. Der Hunderter war zerknittert und schmutzig. „Nun, wer möchte ihn jetzt haben?" Immer noch waren alle Arme in der Luft. Danach meinte er „Liebe Kollegen, wir haben eine sehr wertvolle Lektion gelernt. Was auch immer mit dem Geld geschah, ihr wolltet es immer noch, weil es den Wert nicht verloren hat. Es ist jetzt immer noch 100 Euro wert." (Quelle: unbekannt)

Der Wert der Werte

Der Geldschein repräsentiert (ohne Inflationsanpassung) einen beständigen Wert; egal wie der Schein behandelt wird. Wenn man den Geldschein jedoch gegen Schokolade eintauscht, ändert sich die Beständigkeit des Wertes, da die Schokolade beim Naschen weniger wird.

Persönliche Werte lassen sich als nicht weniger werdende Quellen interpretieren. Wenn beispielsweise Freundlichkeit für Sie ein wichtiger Wert ist, dann wird Ihre Freundlichkeit nicht weniger, indem Sie freundlich sind. Ihre Wertschätzung gegenüber Menschen nimmt nicht ab, wenn Sie wertschätzend sind. Ihr Gerechtigkeitssinn bleibt, wenn Sie gerecht sind.

Werte sind Sinn- und Richtung weisend. Sie geben so für menschliches Handeln eine bewusste und unbewusste Orientierung aber auch Anreize für das Verhalten. Wertvorstellungen unterstützen dabei, Entscheidungen zu treffen und sorgen für Kontinuität von Entscheidungen. Werte sind alltäglich, begleiten uns implizit und sind über unser Tun wahrnehmbar.

Welche Werte, Ideen und Verhaltensmuster nun gelten oder eher nicht, hängt nicht nur von uns Menschen ab, sondern auch vom Umfeld: Bedeutenden Einfluss nehmen relevante kulturelle, gesellschaftliche oder religiöse Wertesysteme. Werte bilden sich naturgemäß auch durch Prägungen des Elternhauses und weitere Erfahrungen. Werte verkörpern für uns Menschen einen Gradmesser: Mit Hilfe unserer Werte entscheiden wir für uns selbst, ob wir etwas für richtig oder falsch halten. Als Richtschnur für das Verhalten unterstützt das Wissen über Werte, das Verhalten zu reflektieren. Nach V. Frankl beantwortet das Verhalten, *wie* wir etwas tun. Werte können so verwirklicht werden. Indem wir sie verwirklichen, geben wir der Situation Sinn und beantworten, *wozu* wir etwas tun. Tun wir also Dinge, die unseren Werten entsprechen, spielt das unserer Motivation und unserem Erfolg zielsicher in die Hände.

Menschen, die ihre persönlichen Werte kennen, werden nicht durchs Leben geschubst, lassen sich von fremden Meinungen nicht manipulieren und eignen sich auch nicht als Spielball unbewusster Bedürfnisse. Andersrum kostet es viel Energie, Menschen zu begegnen, die kein eindeutiges Wertesystem haben. Diese Personen wirken schwer durchschaubar, doppeldeutig und wechseln häufig ihre Meinung. Sie treten nicht als Wolf im Schafspelz auf, sondern abwechselnd als Wolf oder als Schaf. Wertorientierte Persönlichkeiten jedoch strahlen eine klare Absicht aus. Selbst wenn dies nicht immer angenehm scheint, ist es doch verlässlich und fair zu wissen, woran man ist.

Vermutlich checken Sie regelmäßig Ihre körperlichen Werte (Gewicht, Puls, Blutwerte …). Zahlen, Daten, Fakten von unserem Körper bieten uns Orientierung und ermöglichen uns, fundierte Richtungen unseren Lebensstil betreffend (z.B.: gesünder Essen, mehr oder weniger Sport …) einzuschlagen. Welches aber sind Ihre Werte für Führung?

Ihre Werte

Erkunden Sie Ihre **Werte für Führung in 3 Schritten:**

1. Sammeln Sie Ihre Werte: *Was ist Ihnen in Bezug auf Führung wichtig?*
2. Verwerfen Sie Hochglanzfolienschlagwörter. Formulieren Sie aus: *Was bedeutet dieser Wert ganz konkret für Sie?* Bedeutet beispielsweise Ehrlichkeit einfach nicht lügen oder geht es um Transparenz oder um was ganz anderes?
3. Reduzieren Sie abschließend die Liste auf die fünf wichtigsten Werte.

4.3 Glaubenssätze und innere Motivatoren

Überlieferte Überzeugungen und verinnerlichte Lebensregeln arbeiten als automatische Steuerungen, die unser Denken, Fühlen und Handeln bestimmen. Quasi in Fleisch und Blut übergegangen begleiten sie uns als Glaubenssätze bzw. innere Antreiber. Als persönliches Paradigma weisen sie uns im guten Glauben daran, dass man so durchs Leben kommt, den Weg: *Ohne Fleiß kein Preis. Das Leben ist kein Ponyhof. Ein Indianer kennt keinen Schmerz.*

Innerer Motivator	Mögliche äußere/innere Botschaften
Sei stark!	Beiß die Zähne zusammen! Zeige keine Gefühle! Bewahre Haltung!
Sei perfekt!	Ich lehne Schlampereien ab. Es gibt immer etwas zum Verbessern. Ich bin nicht gut genug.
Mach es allen recht!	Bitte bloß keinen Streit. Sei zu allen freundlich! Nein sagen fällt mir schwer.
Beeil dich!	Nur keine Zeit verschwenden. Mach schnell(er)! Ich bin ständig beschäftigt.
Streng dich an!	Wer dran bleibt, erreicht alles. Ich schaffe es alleine! Reiß dich zusammen!

Das Konzept der *Inneren Motivatoren* nach E. Berne konzentriert sich auf fünf Motivatoren, die uns dorthin gebracht haben, wo wir heute stehen. Innere Motivatoren beeinflussen die Art und Weise unseres Handelns und werden in unterschiedlichen Arbeitsstilen erlebbar. Im Grunde haben wir es mit positiven Eigenschaften wie
» Stärke und Unabhängigkeit,
» Genauigkeit und Fehlerlosigkeit,
» Freundlichkeit und Liebenswürdigkeit,
» Schnelligkeit und Chancenorientierung,
» Gründlichkeit und Durchhaltevermögen
zu tun.

Als Antreiber sind diese Eigenschaften zu viel des Guten, übertreiben die positive Ressource und erheben einen absoluten Anspruch. Alles in allem kennen Antreiber kein Maß, wirken auf Menschen einengend, verhindern einen Perspektivenwechsel und belasten das Miteinander.

Damit Antreiber zur Höchstform auflaufen, braucht es Stress. Sie versprechen in anstrengenden Situationen Erfolg und Bestätigung, halten dies aber nicht. Eben, weil sie kein Maß kennen und so auch nicht erkennen, wann es genug ist.

Ihre Glaubenssätze

Welchen Glaubenssätzen geben Sie die Macht, Ihre Möglichkeiten zu begrenzen? Durchforsten Sie Ihre Lebensregeln:
- » *Welche Überzeugungen haben Ihnen Eltern, Lehrer, Gesellschaft, Kirche ... vermittelt?*
- » *Welche Menschen oder Ereignisse sind die stärksten Einflüsse in Bezug auf Beruf, Karriere, Erfolg?*
- » *Welche Sprichwörter passen zu Ihrem Lebensmotto?*
- » *Was ist Ihnen beim Arbeiten besonders wichtig?*
- » *Mit welchen Arbeitsstilen kommen Sie regelmäßig in Konflikt?*
- » *Wo begrenzen Ihre Überzeugungen Ihr Tun?*

4.4 Stärken

Der talentierte Prinz: Zur Taufe des Prinzen wurden drei Feen geladen. Sie taten ihre Wünsche für den Prinzen kund. So wünschte ihm die erste Fee reichlich Liebe in seinem Leben, die zweite Reichtum und die dritte Schönheit. Dann erschien plötzlich die böse Fee. Sie war wütend, weil sie nicht eingeladen wurde und sprach deshalb einen Fluch aus: „Du wirst Talent haben zu allem, was Du machen möchtest!" Der junge Prinz wuchs zu einem schönen, reichen Mann heran, der von allen geliebt wurde, so wie es die Feen in ihren Prophezeiungen kundgetan hatten. Er war auch ein ausgezeichneter Bildhauer, Maler, Musiker und Mathematiker. Doch er schaffte es nie, ein Vorhaben zu Ende zu bringen, weil er stets etwas Neues begann. (Quelle: Unterwegs – Der Wanderer, Paolo Coelho)

Talente und Stärken

Personen, die Ihre Stärken täglich nutzen, sind sechsmal häufiger emotional an ihre Tätigkeit gebunden. Teams, die sich auf ihre Stärken besinnen, sind laut Gallup Strengths Center sogar um 12,5 %[2)] produktiver. Stärkenorientierung im Berufsleben eröffnet also Tür und Tor zu Produktivität, Engagement, Umsatz u.v.a.m.

Talente und Stärken werden umgangssprachlich so gut wie kaum unterschieden. Die Verschiedenheit der Begriffe zeigt die Gallup-Definition[3)]:

Das **Talent** als angeborene Begabung ist ein stets von selbst wiederkehrendes Gedanken-, Gefühls- oder Verhaltensmuster, das produktiv angewendet werden kann. Als natürliches Verhalten ist es weder unterdrückbar noch durch Schulungen oder sonstige Weiterbildungsaktivitäten erwerbbar. Talente in Verbindung mit Wissen und Fähigkeiten werden zu Stärken. Um Stärken zu entwickeln, verfeinern Sie sozusagen Ihre Talente mit (explizitem) Wissen und (implizitem) Können. Mit dem Talent allein sind Sie noch lange nicht erfolgreich. Sie haben so etwas wie Papier und Bleistift mitgebracht. Was Sie daraus machen, sprich welche Geschichte Sie schreiben oder welches Bild Sie malen, liegt an Ihnen. Was Sie daraus machen ist jedenfalls harte Arbeit, die über Ihre besondere Leistung sichtbar und messbar wird.

Eine **Stärke** ist eine fast perfekte Leistung oder eine Aktivität, bei der Sie gut sind, sich entfalten können, sich stark fühlen und der

Sie immer wieder nachgehen wollen. Daraus folgt kurz und knapp: Der Schlüssel zur Entwicklung Ihrer Stärken liegt im Erkennen und Entwickeln Ihrer herausragenden Talente.

Identifizierte Talente und Stärken integrieren sich wie von selbst in das individuelle Selbstbild. Schon allein die Kenntnis darüber führt zu einer umfassenderen Wahrnehmung alltäglicher Aufgaben und Abläufe. Implizit passt sich das Verhalten an, indem Talente und Stärken gezielter genutzt werden. Dies wiederum führt zu einer Weiterentwicklung und so stellt sich der Erfolg wie von selbst ein.

Hinsichtlich Stärken fällt auf, dass viele Menschen ihre (alltäglichen) Fähigkeiten als selbstverständlich abtun und keine Sekunde daran denken, sie als Stärken festzumachen. Sie meinen: *„Das ist doch ganz normal. Das kann jeder!"* Erst beim näheren Auseinandersetzen fällt auf, dass gerade das vermeintlich Normale, also das, was wir automatisch in Situationen tun, eine herausragende Stärke ist. So punkten die einen damit, dass sie sich bei chaotischen Zuständen mit Leichtigkeit einen Überblick verschaffen können und wie von selbst Ordnung und Struktur entstehen lassen. Andere haben ihre Stärken darin, dass sie beim akribischen Recherchieren und Sammeln von relevanten Informationen beinahe unschlagbar sind.

Die Kunst liegt nun darin, diese selbstverständlichen und in unserem Autopiloten verankerten Stärken zutage zu bringen:

Ihre Stärken

Beim Erkunden sollten Sie sich mindestens zwei Wochen selbst beobachten. Notieren Sie entlang Ihres Tagesablaufs jene Aktivitäten, von denen Sie sich angezogen fühlen oder eben nicht:

» *Was sind die Dinge, die Sie am meisten genießen?*
» *Was stört Sie und was raubt Ihnen Energie?*
» *Wovon würden Sie gerne mehr tun?*
» *Wofür bewundern oder beneiden Sie andere?*

Überprüfen Sie, ob Sie strukturelle Gemeinsamkeiten (z.B.: andere unterstützen) erkennen oder ob andere Übereinstimmungen (z.B.: Entscheidungen treffen) auftauchen.

Alternativ zur Selbstbeobachtung Ihrer Talente und Stärken bieten sich valide Instrumente an, wie der Clifton Strengths Finder®, Insights MDI® u.v.a.m.

4.5 Ziele

Alice und die Grinsekatze: Alice begegnet der Grinsekatze und fragt sie: *"Würdest du mir bitte sagen, welchen Weg ich einschlagen muss?" Darauf antwortet die Grinsekatze: "Das hängt in beträchtlichem Maße davon ab, wohin du gehen willst." Alice meint: "Oh, das ist mir ziemlich gleichgültig. Hauptsache, ich komme irgendwohin." Darauf antwortet die Grinsekatze: "Dann ist es auch einerlei, welchen Weg du einschlägst. Du wirst sicher ankommen, wenn du lange genug gehst."* (Quelle: Alice im Wunderland, Lewis Carroll)

Ziele erfolgreich formulieren

Ziele erfüllen zahlreiche Funktionen: Sie geben Orientierung, schaffen Anreize, unterstützen Selektionen oder steuern Aufgaben.

Ziele setzen ist theoretisch sehr einfach. Dranbleiben, Ziele erreichen und bestenfalls motivationsfördernd erleben, scheint anspruchsvoller. – Dies gilt für Sie genauso wie für Ihre Mitarbeiter. Umso bedeutsamer ist es, dass Ziele richtig formuliert werden.

Die **SMART**-Formel erweist sich beim Formulieren von Zielen als hilfreich. SMART festgelegte Ziele geben Auskunft über:

» **Spezifisch**: Das Ziel ist eindeutig formuliert und schriftlich fixiert. Die präzise inhaltliche Abgrenzung bildet den Bezug zum Ergebnis.
» **Messbar**: Das Ziel kann quantitativ oder qualitativ bewertet werden.
» **Attraktiv**: Die Ziele sind herausfordernd, anspruchsvoll, relevant und akzeptiert.
» **Realistisch**: Das Ziel ist mit den verfügbaren Ressourcen (personell, finanziell, zeitlich) erreichbar.
» **Terminiert**: Konkrete Zeitpunkte zur Erreichung von (Teil-)Zielen sind festgelegt.

Wenn Sie Ziele SMART festlegen, stecken Sie gleichsam einen Leistungsrahmen, für den gilt: Ausreichend hoch gesetzte Ziele erhöhen die Leistung. Spezifisch und präzise formulierte Ziele verbessern die Leistung im Unterschied zu vage oder schwammig verfassten Zielen. Passen die formulierten Ziele zudem zu den individuellen Werten, wird der Funke Hoffnung gezündet. Mit diesem Funken kann die Zielerreichung subjektiv besser eingeschätzt und über alternative Wege zur Zielerreichung profunder nachgedacht werden.

Die SMART-Formel bildet einen wesentlichen Baustein bei der Zielformulierung. Zur erfolgreichen Umsetzung eines Ziels empfiehlt es sich, zusätzlich weitere Gesichtspunkte bei der Formulierung einzubeziehen:

Wunsch oder Ziel: Den Unterschied von Zielen und Wünschen hat L. Wittgenstein treffend formuliert: *„Wünschen ist nicht tun. Aber, wollen ist tun."* Er drückt damit aus, dass wir ab dem Punkt, an dem wir etwas wollen, bereits mitten *in* der Handlung sind. Solange wir etwas nur wünschen, sind wir *vor* der Handlung. Sprachlich erkennen wir die Handlungsaktivität sehr einfach: Solange Sie sich etwas wünschen, *würden/könnten/sollten* Sie etwas ändern. Eine gewisse Unentschiedenheit verbunden mit Handlungspassivität lässt sich im Konjunktiv erkennen. Alternativ können Sie Ihre Entschiedenheit abschwächen, indem Sie *versuchen werden*, etwas zu ändern. *Wollen* Sie hingegen etwas verändern, dann *werden* Sie etwas verändern.

Nutzen: Ziele und der mit dem Ziel verbundene Nutzen liegen unwiderlegbar in der Zukunft. Der Nutzen des aktuellen Zustands liegt im Hier und Jetzt. Damit Ihre Ziele für Sie persönlich motivierend bleiben, ist deshalb maßgeblich: Der künftige mit der Zielerreichung generierte Nutzen muss größer sein als der gegenwärtige.

Aktive Formulierung: Um zum Ziel zu gelangen, braucht es Handlungsanweisungen für die eigene Aktivität. Diese sind kurz, präzise und positiv. Beispielsweise könnte Ihr Ziel lauten: *„Ab heute beantworte ich geöffnete Mails sofort."* (Anstatt Mails – wie bisher – zu schließen und irgendwann später zu beantworten.) Achten Sie beim Formulieren außerdem auf gängige Stolpersteine wie das Wörtchen *nicht*. (Beispiel: *„Ich werde meine Mails nicht mehr unbeantwortet schließen."*) Denn der Magnetismus zur Zielerreichung liegt weniger im *weg-von-etwas* als im *hin-zu-etwas*.

Konsequenzen: Sobald Sie Ihr Ziel erreicht haben, werden sich Veränderungen einstellen. Sind Sie bereit für die Veränderungen als Folgen Ihres erreichten Ziels? Machen Sie sich bewusst, wie sich die neue Situation auswirkt – mit allen Vor- und Nachteilen. Sie könnten in unserem Beispiel plötzlich mehr Zeit und kürzere unbeantwortete Maillisten haben. Zeit, die Sie für andere Aufgaben oder sogar mehr Freizeit zur Verfügung hätten.

Stellt sich heraus, dass die Konsequenzen für Sie nicht stimmig sind, sollten Sie Ihr Ziel anpassen. – Sie müssen genau so oft zurück an den Start, bis die persönlichen Konsequenzen mit dem Ziel zusammenspielen.

Ihr Ziel

Überprüfen Sie Ihre Ziele nach dem **5-Schritte-Check**:
- » *Ist Ihr Ziel* **SMART** *formuliert?*
- » **Wunsch oder Ziel:** *Sind Sie noch „vor" oder schon „in" der Handlung?*
- » **Nutzen:** *Wie sehr motiviert Sie der neue Nutzen (im Vergleich zur aktuellen Situation)?* Verwenden Sie dazu eine Skala von 1 bis 10 (1 kaum motivierend, 10 sehr motivierend).
- » **Aktive Formulierung:** *Ist Ihr Ziel eine echte Handlungsanweisung an Sie?*
- » **Konsequenzen:** *Passen die Folgen, die mit der Zielerreichung verbunden sind, zu Ihnen?* Wenn nicht, dann starten Sie erneut mit der Formulierung Ihres Ziels.

Ziele erfolgreich umsetzen

Manche Gesetzmäßigkeiten sind unumstößlich. So auch die Erfolgsformel, die erfolgreiche Menschen anwenden, um ihre Ideen zu verwirklichen. **Erfolg** lässt sich über folgende Einflussgrößen abbilden:
- » **Glaube** als Überzeugung in Fähigkeiten, Visionen, Ziele ...
- » **Wille** als Motor, Orientierung und Begeisterung
- » Konsequente **Handlung** durch ständiges Arbeiten am Ziel

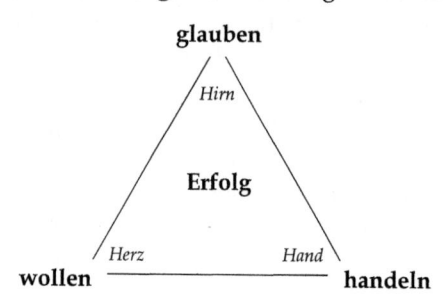

```
              glauben
                /\
               /  \
              /Hirn\
             /      \
            / Erfolg \
           /          \
          / Herz  Hand \
         /_____\
       wollen          handeln
```

Erfolg könnte man auch (modellhaft) als rechnerisches Produkt mit den erwähnten Einflussgrößen darstellen:

$$E = g * w * h$$
(mit E = Erfolg, g = glauben, w = wollen, h = handeln)

Wäre der Wille der Motor und der Glaube das Auto selbst, dann wäre das konsequente Tun der Treibstoff. Konsequenz ist also der entscheidende Faktor beim Umsetzen der gesetzten Ziele. Denn wenn der Treibstoff ausgeht, dann hilft der beste Motor oder das tollste Auto nichts. Man bleibt stehen.

4.6 Gewohnheiten

Groß ist die Macht der Gewohnheit.
(M.T. Cicero)

Gewohnheiten beeinflussen uns Tag für Tag. Und zwar zu einem beträchtlichen Anteil von 30-50 %[4]. Gewohnheiten erweisen sich solange als nützlich und teilweise überlebenswichtig, solange sie mit unseren Zielen übereinstimmen. Andernfalls stehen sie uns auch mal prominent im Weg.
Positiv wirken Gewohnheiten über den Wert, den sie schaffen. Wenn Sie es zur Gewohnheit gemacht haben, jeden Morgen eine freundliche Begrüßungsrunde durchs Büro zu machen, zeigt sich der Wert dieser Gewohnheit in der (positiven) Beziehung zu Ihren Mitarbeitern. Einen anderen Wert erzielen Sie, wenn Sie gewohnheitsmäßig ausschließlich jenen Mitarbeitern morgendliche Aufmerksamkeit schenken, denen Sie zufällig begegnen. Sollten Sie aus Gewohnheit Ihren Morgenmuffel ins Büro mitnehmen und vor 09:00 Uhr ausschließlich sich selbst wahrnehmen, wird es einiges an Bemühungen kosten, Ihr Beziehungen zu diesem Zeitpunkt wertstiftend zu pflegen. Ihr Morgenmuffel steht Ihnen ungeniert im Weg.

Würden wir ganz auf Gewohnheiten verzichten, wäre unser Gehirn rasch überfordert. Gewohnheiten verschaffen Routine, Stabilität sowie Sicherheit und unterstützen zuverlässig in Alltäglichkeiten. Andererseits beschränken sie unsere Wahrnehmung, machen starr und unflexibel. Ein Beispiel dazu: Angenommen Sie nehmen auf dem Weg zur Arbeit täglich die gleiche Strecke mit dem Auto. Denken Sie an die heutige Fahrt. Haben Sie konkret heute irgendetwas Besonderes auf dem Weg wahrgenommen?

Sich von alten Gewohnheiten zu trennen scheint leichter, als neue zu etablieren. Probieren Sie mal aus, Ihre Arbeitsstelle über eine alternative Route mit dem Auto zu erreichen. Das ist leicht machbar, oder? Würden Sie anstelle des Autos ab sofort mit dem Fahrrad fahren oder öffentliche Anbindungen wählen und damit eine neue Gewohnheit etablieren, könnte dies schon schwerer fallen. Sich von alten (lieb gewonnenen oder störenden) Gewohnheiten zu trennen, ist jedenfalls herausfordernd. H. Ford unterstützt den Mut zur Veränderung, in dem er meint: *„Ob du glaubst, du kannst es oder du kannst es nicht. Du hast immer Recht."*

Ihre Gewohnheiten

Wählen Sie eine Ihrer Gewohnheiten aus, mit der Sie in gewisser Weise auf Kriegsfuß stehen. Und finden Sie dann konsequent heraus, was die Gewohnheit unveränderbar macht.

» *Welche Situationen und Umstände tragen dazu bei, dass die aktuelle Gewohnheit unverändert bleibt?*
» *Was ist Ihnen an der Gewohnheit wichtig?*
» *Welche Vorteile bringt Ihnen die Gewohnheit?*
» *Bei allen Vor- und Nachteilen: Was soll so bleiben, wie es ist?*
» *Wie können Sie das Selbe anders erreichen?*

4.7 Wirkung

Gratulation! - Ihre Motive, Werte, inneren Antreiber, Talente und Stärken, Ziele und Gewohnheiten haben Sie in den letzten Abschnitten vor den Vorhang geholt und den Prozess des sich besser Kennenlernens gestartet. Lassen Sie uns Ihre Entdeckungsreise zur Selbstführung abschließen, indem Sie sich Gedanken darübermachen, was Sie mit sich verbinden wollen: Ihre persönliche Wirkung, Ihre Authentizität und Vertrauenswürdigkeit legen Sie – unverwechselbar – fest.

Idealerweise gleichen Sie Ihre persönlichen Vorstellungen auch mit dem Feedback von Freunden, Bekannten oder Kollegen ab. Betrachten Sie die daraus gewonnenen Erkenntnisse als Aufnahme des Augenblicks, der die Basis für Ihre persönliche Weiterentwicklung bildet.

Ihre authentische Wirkung

» *WER sind Sie? (Identität)*
» *WAS bieten Sie und worin liegt der Nutzen? (Leistung)*
» *WIE sind Sie? (Tonalität)*
» *Wie treten Sie auf?*
» *Wie soll Ihr Image in der Zukunft sein?*

5 Menschen führen

> *Das ist der beste Führer, dessen Leute sagen,*
> *wenn er sie ans Ziel geführt hat:*
> *„Wir selbst haben den Erfolg zustande gebracht."*
> (Laotse)

Führen versus managen: Begriffswolken zum Begriff *führen* sind: etwas bewegen, veranlassen, herbeiführen, entstehen lassen, hervorbringen, erwecken, erzielen, anfachen, anspornen, befähigen, jemanden zu etwas bringen, ermuntern, ermutigen. Der Begriff *managen* steht für etwas bewerkstelligen, abwickeln, bewältigen, durchführen, fertigbekommen, fertigbringen, meistern, organisieren, schaffen, umsetzen.

Sie führen, leiten oder managen ein Unternehmen. Andere wiederum stellen ihre Führungsqualitäten als Projektmanager unter Beweis oder sind wahre Meister im Zeitmanagement. Tatsächlich wird der Begriff Management ad absurdum geführt: Sollten wir nicht besser Beziehungen pflegen, Kommunikation fördern und Konflikte lösen statt managen?

Führen hat immer mit Menschen zu tun und zeigt sich als Kommunikationsprozess. Die Kunst guter Führung liegt darin, diesen Prozess achtsam, wertschätzend und wirkungsvoll zu gestalten. Menschenliebe und Menschenkenntnis bilden grundlegende Fähigkeiten, die Führung mitbringen muss. Sie zeigen sich, indem Führung auf unterschiedliche Persönlichkeiten individuell eingeht und auf menschliche Tricks vielfältigster Art professionell reagiert. Führungspersönlichkeiten begleiten Menschen auf einem Weg, der nicht in allen Facetten bekannt ist. Sie werten Menschen auf, indem sie Menschen dabei unterstützen, besser zu werden und ihr volles Potenzial auszuschöpfen. Das kommt keinem Kuschelklima gleich, sondern entspricht der Balance zwischen Fordern und Fördern: Aufgaben von Führung sind einerseits, verbindliche Vereinbarungen zu treffen, Leistungen einzufordern und bei Nichteinhaltung von Absprachen Konsequenzen aufzuzeigen. Andererseits ist jede Führungskraft für die Entwicklung ihrer Mitarbeiter zuständig. Und zwar zum Wohle und im Interesse des großen Ganzen.

5.1 Kommunizieren als A und O von Führung

"Durchs Reden kommen Leute zusammen" lehrt uns eine alte Volksweisheit. Wir nehmen diese Weisheit als selbstverständlich an und hinterfragen sie erst dann, wenn wir aneinander vorbeireden oder wenn Missverständnisse auftauchen. In Worte gefasst drücken Äußerungen, wie *"Du verstehst mich nicht!"*, *"Kannst du mir überhaupt folgen?"*, *"Mit dem kann man nicht reden!"* eine gewisse Irritation aus. Wohingegen Sätze wie *"Schön, dass du mich verstehst!"* oder *"Lass uns darüber reden."* eher zustimmende Kommunikation signalisieren. Der Ursprung von Missverständnissen liegt selten beim Gesprächspartner, sondern in unserer eigenen Sprachfähigkeit, die wir als Ganzes zu wenig kennen. Zu diesen unbewusst unsere Kommunikation beeinflussenden Fähigkeiten zählen zum Beispiel: Einfache und verständliche Sprache verwenden, hülsige Hochglanzfolienwörter und nichtssagende Weisheiten vermeiden, wichtige von unwichtigen Informationen trennen, auf den Gesprächspartner reagieren und die Dinge auf den Punkt bringen.

5.1.1 Wissenswertes über Kommunikation

Im Alltag wird Kommunikation sehr vereinfacht: Kommunikation wird auf das reduziert, was jemand sagt. Wollen wir Kommunikation systemisch betrachten, müssen wir das Gesprochene von der Kommunikation entkoppeln: **Kommunikation definiert das, was zwischen zwei Aussagen passiert.**

Kommunikation ist genau das, was Sie unter Kommunikation verstehen. Ein Beispiel dazu: Wenn Sie jemanden grüßen und der Gruß wird nicht oder nur mit einem Nicken erwidert, sind Sie eventuell alarmiert. Erfolgt ein Antwortgruß scheint (für Sie) alles okay, Ihre nicht ausgesprochene Erwartung wird erfüllt. Jemand anders wäre eventuell auch mit dem wortlosen Zunicken zufrieden.

Sie können Kommunikation nicht ablehnen. Bleiben wir bei unserem Grußbeispiel. In einem nächsten Schritt geht's darum, wie Sie mit dem Antwortgruß umgehen: Sie beginnen beispielsweise ein Gespräch oder sie wiederholen Ihren (nicht beantworteten) Gruß etwas lauter. Oder, Sie freuen sich, dass Ihnen zugenickt wurde.

Oder, Sie ärgern sich über eine gewisse Überheblichkeit, ignorieren die andere Person und gehen weiter.

Kommunikation ist nie abgeschlossen. Die begonnene Kommunikation setzt sich nun also fort: Weil Sie miteinander reden oder weil Sie einem Unbeteiligten von der Begegnung erzählen oder weil Sie das nächste Mal nicht mehr grüßen.

Kommunikation verstanden als das, was zwischen zwei Aussagen passiert, lässt eine weitere Erkenntnis zu: Kommunikation lässt sich bei allen vorhandenen Regeln und Konventionen nicht perfekt kontrollieren. Selbst dann nicht, wenn wir über Höflichkeitsregeln wie *„Wir lassen andere aussprechen!"* versuchen, Kommunikation zu stabilisieren.

Kommunikation lässt sich als Zusammenspiel von *wahrnehmen*, *mitteilen* und *verstehen* auffassen, was nachfolgend eingehend beschrieben wird:

Wahrnehmen

Wahrnehmung ist eine in uns Menschen angelegte Eigenschaft, die wir zum Potenzial unserer Fähigkeiten zählen. Wahrnehmung setzt auf unsere Sinne (Seh-, Hör-, Geruchs-, Geschmacks- und Tastsinn, aber auch den Tiefen- und Gleichgewichtssinn) und entwickelt sich aufgrund innerer und äußerer Umstände unterschiedlich. So entwickelt sich beispielsweise die Wahrnehmung bei jemanden, der nicht sehen oder hören kann, anders als bei jemanden, der sehen oder hören kann. Zunächst müssen wir Wahrnehmung also lernen. Damit wird Wahrnehmung ein Prozess des Unterscheidens. Das lässt sich leicht erklären. Betrachten Sie beispielsweise den abgebildeten Tintenklecks. Was erkennen Sie? Einen Schmetterling, eine Maske, eine Fledermaus oder einfach einen Tintenklecks?

Beobachtungen von Personen unterscheiden sich. Das liegt daran, dass der aufgenommene Reiz individuell an das Gehirn weitergeleitet, gespeichert bzw. mit bisher Gespeichertem verglichen, bewertet, verarbeitet und wieder zurückgemeldet wird. Weil man, wie J.W. Goethe es schon treffend formulierte, *nur das sieht, was man weiß*, kann jemand, der nicht weiß, wie eine Fledermaus aussieht, den Klecks nicht dem Abbild einer Fledermaus zuordnen. Durch das Benennen des Tintenkleckses geben Sie dem Bild einen Sinn.

Apropos Sinn: Aufgenommene Sinnesreize bleiben nicht vereinzelt, sondern verbinden sich zu einem Ganzen. Das Gehirn unterstützt uns, durch Verknüpfungen Sinn zu schaffen. Betrachten Sie dazu die angefügte Striche-Punkt-Abbildung:

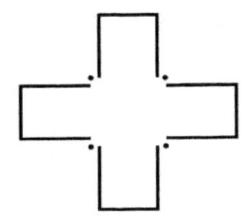

Was nehmen Sie wahr? Abgebildet sind vier offene Rechtecke und vier Punkte. Möglicherweise erkennen Sie ein Kreuz, weil dies für Sie so Sinn ergibt.

Durch die für uns sinnvolle Reduktion des Ganzen schaffen wir es, uns zurechtzufinden und zielgerichtet zu handeln. Die Herausforderung dabei ist: Menschen neigen dazu, dass sie das, was sie wahrnehmen auch für *wahr nehmen*. Menschen legen Wahrheiten in ihre Beobachtungen. Das Beobachtete ist aber nichts anders als ein individuelles Bild der Wirklichkeit.

Wahrnehmung ist subjektiv an Individuen und Kulturen gebunden und Sie berücksichtigt Erfahrungen, Erwartungen, Einstellungen, Denkmuster, Emotionen u.v.a.m. Außerdem ist Wahrnehmung situationsabhängig und selektiv, weil wir uns von unseren Bedürfnissen, Interessen und Zielen leiten lassen. Sie kennen das: Wenn Sie sich ein neues Auto kaufen wollen und noch überlegen, ob es rot oder blau sein soll, fahren plötzlich viele Autos in diesen Farben an Ihnen vorbei.

Was folgern wir daraus? Wenn wir auf Menschen, Situationen, Chancen u.v.a.m. reagieren, reagieren wir tatsächlich auf eine innere Konstruktion von dem Wahrgenommenen. Diese haben wir uns selbst zuzuschreiben.

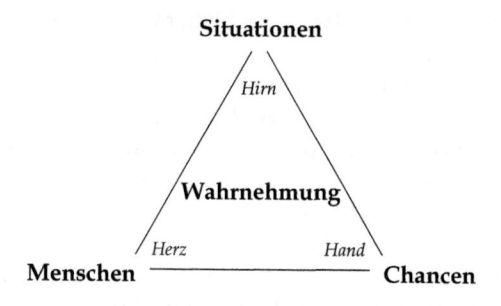

```
                Situationen
                   / \
                  /Hirn\
                 /      \
                /Wahrnehmung\
               /            \
              / Herz    Hand \
   Menschen  ─────────────────  Chancen
```

Wir kultivieren unsere Bilder soweit, dass wir einschneidende Beobachtungen generalisieren und zu Glaubenssätzen machen. Möglicherweise hatten Sie in der Schule einen Mitschüler mit einem bestimmten Vornamen, den Sie aufgrund seines originellen Verhaltens weniger mochten. Sobald dieser Name Jahre später bei einer für Sie unbekannten Person auftaucht, startet bei Ihnen unbewusst ein verinnerlichtes Programm zu Ihrem Schulkollegen, welches Sie der neuen Person überstülpen. Und spätestens dann, wenn Sie einen Namen für Ihr Kind suchen, steht ein bestimmter Name nicht auf der Liste, weil Sie diesen Namen negativ abgespeichert haben.

Die eigene innere Konstruktion verstanden als inneres Bild der Wirklichkeit ist quasi unsere individuelle Landkarte. Sie hilft uns, uns in der realen Welt zu bewegen, Entscheidungen zu treffen und handlungsfähig zu bleiben. So unterschiedlich die Menschen, so verschieden sind ihre Landkarten. Die Landkarten stimmen also nicht mit der Landschaft der realen Welt überein. Als individuelles Bild der Wirklichkeit beeinflussen sie das individuelle Verhalten und umgekehrt.

Übertragen auf die Führungsarbeit: Nicht nur Sie, sondern jeder Mitarbeiter handelt auf Basis seiner Landkarte. Selbst wenn Sie als Beobachter manches Verhalten nicht verstehen, für den Mitarbeiter ergibt sein Handeln Sinn. Das beobachtete Verhalten konstruktiv kritisch zu reflektieren, fordert die bewusste Auseinandersetzung mit unserer Beobachtungsgabe:

» Was kann überhaupt beobachtet werden?
» Was wird tatsächlich beobachtet?
» Wer beobachtet wen?
» Wie wird beobachtet?
» In welcher Beziehung stehen der Beobachter und der Beobachtete zueinander?

Informieren, mitteilen und verstehen

Information: Gehen wir davon aus, dass zwei Kollegen aufeinandertreffen, einander wahrnehmen und ihr Verhalten aufeinander richten. Ein Kollege A (aus der Abteilung X) informiert: *„Es kommt zu Kürzungen im Unternehmen."*

Die Information wird vom Kollegen B (aus der Abteilung Y) bedrückend aufgenommen. Hätte A gesagt, dass es zu Kürzungen im Unternehmen in der Abteilung X komme, wäre die Reaktion sehr wahrscheinlich anders. Jedenfalls löst die empfangene Information Fragen bei B aus, wie beispielsweise: *„Wo genau im Unternehmen erfolgen die Einsparungen? Was konkret ist unter Einsparungen gemeint? Inwieweit treffen mich die Einsparungen?"* Zusätzlich zu Bs Fragen ergibt sich vor allem folgende: *„Was weiß A noch alles?"* Die Information hinsichtlich der konkret betroffenen Abteilung macht in unserem Beispiel den Unterschied in der Reaktion aus.

Anders die **Mitteilung:** In der Mitteilung versuchen wir zu erfassen, warum A genau das zu B gesagt hat, was er gesagt hat. Nicht die Information ist relevant, sondern die Wahl der Äußerung. Was veranlasst A zu dieser Aussage? Mitteilungen sind (Landkarten bezogene) Verhaltensweisen, die wir beobachten können: unsere Sprache (Stimme, Worte), unsere Körpersprache (Gestik, Mimik, Haltung) und das allgemeine Erscheinungsbild (Kleidung, Frisur, Schmuck). Aus den Verhaltensweisen von A erhält B einen Impuls, der zu neuen Unterscheidungen und Verknüpfungen führt. Egal ob die Mitteilung verbal oder nonverbal, bewusst oder unbewusst erfolgt: Die Signale der beobachteten Mitteilung werden gedeutet, sortiert, gesiebt und beantwortet. As Aussage könnte die Mitteilung enthalten, dass A für die Einsparungen verantwortlich ist oder dass er von den Einsparungen direkt betroffen ist. Wir wissen es nicht, A hat nichts dazu gesagt.

Mitteilungen, die wir erfassen wollen, können wir nur spekulativ ausdrücken. Das Bedürfnis, dass wir Menschen uns auf etwas verlassen können, formt unbewusst aus Vermutungen Wahrheiten. Die Mitteilung bleibt dabei eine Wahl des Mitteilenden bezüglich seines Handelns und Kommunizierens.

Zusammenfassend halten wir fest: Wer Teil der Kommunikation ist und unter welchen Bedingungen kommuniziert wird, ist bedeutsam. Da letztlich der Empfänger einer Mitteilung sein inneres Bild der

äußeren Welt erschafft, ist im Besonderen auf folgendes zu achten:
» Wer ist der Empfänger?
» Welchen Bezug hat er zur Information?
» Unter welchen Bedingungen kommuniziert er?
» Welche Rolle nimmt er ein?
» Welche Werte vertritt er?

Verstehen im alltäglichen Sinn bedeutet, wichtige Aspekte einer Aussage erfassen zu können. Aussagen, wie *„Jetzt hab ich's verstanden!"* oder *„Ich hab's begriffen!"* bestätigen einen Erkenntniszugewinn. Verstehen meint damit, der Mitteilung eine eigene Bedeutung zu geben und sie in die eigene Landkarte zu integrieren. Sätze wie *„Das macht Sinn!"* drücken unser Verständnis aus. Im Hintergrund passiert folgendes: Wir versuchen, eine Mitteilung subjektiv zu interpretieren. Wenn wir also *verstehen*, achten wir weniger auf die Frage, ob wir *richtig* verstanden haben, sondern *wie* wir etwas verstanden haben.

5.1.2 Führung als Königsweg der Kommunikation

Einander wahrnehmen, informieren, mitteilen und verstehen erfolgt nicht sequentiell, sondern parallel, also gleichzeitig. Wo der Anfang oder das Ende sind, ist bei Kommunikation nicht auszumachen. Wir können tatsächlich nicht exakt feststellen, wer der Sender und wer der Empfänger ist. Denn wir haben es mit einem zirkulären Prozess zu tun. In diesem wechselwirksamen Prozess werden die Landkarten der Kommunikationsteilnehmer laufend abgeglichen: Landkarten werden in Mitteilungen übersetzt, Mitteilungen werden interpretiert und in neue Landkarten übersetzt, welche wieder in Mitteilungen übersetzt werden u.s.w. Kurzum: Jede Mitteilung eröffnet anderen Kommunikationsteilnehmern mosaikhaft Einblick in eine Landkarte. Durch diesen laufenden Ab- und Angleichungsprozess entstehen im günstigsten Fall neue, teilweise übereinstimmende Wirklichkeitskonstruktionen.

Hinter diesem Aspekt bestätigt das erwähnte Sprichwort *„Durchs Reden kommen Leute zusammen"* die volle Bedeutung von Kommunikation: Kommunikation kreiert Verbindungen. Diese Verbindungen finden wir zweifellos auch im Kommunikationssystem von Führung. Jedes Führungssystem hat eine bestimmte Note bzw. einen bestimmten Charakter. Wir finden uns auf Basis von Spielregeln oder Prinzipien des Miteinanders zusammen und gestalten darüber hinaus als Menschen unser Führungssystem aktiv mit.

Zweifelsfrei zu kurz gedacht wäre die Annahme, dass Führung alleine für die Charakteristik des Unternehmens, der Abteilung oder des Teams zuständig wäre. Für Sie in Führung bleibt die Herausforderung, das Führungssystem über den Königsweg der Kommunikation aktiv zu gestalten. Zusätzlich zur grundsätzlichen Offenheit für neue Perspektiven sei Ihnen empfohlen: Achten Sie darauf, dass Ihre zugehörigen Mitarbeiter – untereinander und mit Ihnen – verbunden bleiben und ihre Fähigkeiten gerne einbringen. Eine lebendige Kultur des Miteinanders, der Wertschätzung und des Vertrauens unterstützt Sie hierbei.

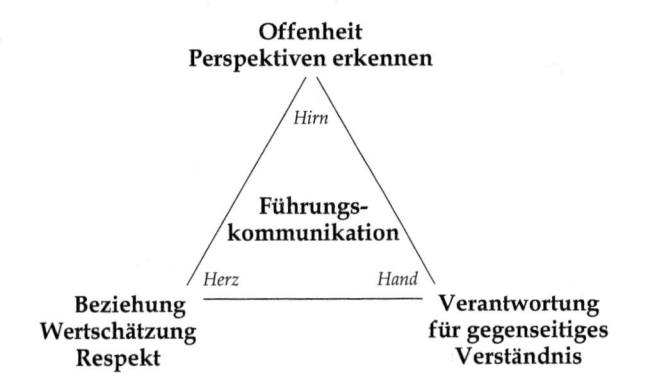

**Offenheit
Perspektiven erkennen**

/ *Hirn* \

/ **Führungs-
kommunikation** \

/ *Herz*   *Hand* \

Beziehung   **Verantwortung**
Wertschätzung   **für gegenseitiges**
Respekt   **Verständnis**

Letzten Endes aber sollten Sie sich – allen Dynamiken von Kommunikation zum Trotz – bewusst sein: Die Verantwortung für das gegenseitige Verständnis tragen alleine Sie als Führungskraft.

Miteinander statt nebeneinander

Der Wert gelungener Führungskommunikation liegt – klare und wertschätzende Kommunikation vorausgesetzt – im Miteinander statt im Nebeneinander. Das sollte selbstverständlich sein und wird doch in der Praxis viel zu oft stiefmütterlich behandelt. Möglicherweise kennen Sie folgende Situation: Im Vorbeigehen rufen Sie einem Mitarbeiter, der gerade mit etwas beschäftigt ist, eine Aufgabe oder Information zu. Obwohl Sie keinen direkten Kontakt herstellen, erwarten Sie, dass der Mitarbeiter alles so versteht (und umsetzt), wie Sie es meinen. Die Erfolgsquote solcher Auftrags- oder Informationsverteilungen ist mitunter auch hoch – je nachdem wie gut Sie aufeinander eingespielt sind bzw. wie klar und handlungsorientiert Ihre Botschaft ist. Kommunikationssituationen wie diese lassen jedenfalls eines schändlich vermissen: Wertschätzung.

Damit Kommunikation auch wertschätzend erlebt wird, braucht es den achtsamen Beziehungsaspekt. Nicht, ob wir uns gut verstehen oder eben nicht, ist relevant, sondern, dass wir den Kontakt zum Gesprächspartner aufbauen. Das bedeutet: Wenn wir in Gesprächssituationen die wertschätzende Beziehung ausblenden, eröffnen wir sehr viel Raum für Interpretation.

Miteinander statt nebeneinander kommunizieren. Genau das können wir von kleinen Kindern lernen. Sie sind *Tripple A*-Experten! Was machen sie anders? Kleine Kinder nehmen mit dem Gesprächspartner aktiv Kontakt auf, bevor sie weiterreden. Sie sprechen Mama oder Papa an. Und zwar so lange, bis eine Reaktion folgt und sie sich sicher sind, dass die Eltern sie aktiv wahrgenommen haben. Augenkontakt, Nicken oder ein klares „Ja!" sind Signal für das Kind, dass es die Aufmerksamkeit hat. Erst jetzt beginnt das Kind zu erzählen, wo der Schuh drückt oder was es auf dem Herzen hat. Auf den Punkt gebracht bedeutet dies: Erst, wenn die AAA-Parameter Ansprache, Augenkontakt und Aufmerksamkeit erfüllt sind, ist es an der Zeit, den Inhalt mitzuteilen.

Wertschätzen

F. Schulz von Thun meint: *„Wo Menschen miteinander schaffen, machen sie sich zu schaffen."* Wie sehr sie sich zu schaffen machen, ist eine Frage der Qualität der Kommunikation. Gelungene Kommunikation ist einer der Erfolgstreiber für Mitarbeiterzufriedenheit, Mitarbeitermotivation und in weiterer Folge für die Leistungsbilanz im Unternehmen. Das A und O gelungener Kommunikation bildet Wertschätzung als achtsame Form der Kommunikation.

Wertschätzung stützt sich auf unsere Wahrnehmungs- und Beobachtungsgabe als Teil unserer Grundhaltung, Situationen und Menschen achtsam zu begegnen. Das tun wir, indem wir versuchen, Realitäten zu erkennen, anzuerkennen und zu nutzen, anstatt unsere Beobachtungen zu interpretieren. Dabei ist es noch nicht damit getan, dass Sie selbst meinen, dass Sie wertschätzend agieren. Erst dann, wenn Mitarbeiter Ihr Führungshandeln als wertschätzend empfinden, sprechen wir von einem wertschätzenden Kommunikationsklima.

Es liegt ein bedeutsamer Unterschied darin, ob Sie einen Mitarbeiter willkommen heißen und auf seine Potenziale setzen (und er das auch so wahrnimmt) oder ob Sie ihn willkommen heißen und von Anfang an zweifelnd beobachten, ob er die Erwartungshaltung erfüllt (und er das auch so wahrnimmt).

Wenn Sie an etwas glauben und von etwas innerlich überzeugt sind, fällt es erheblich leichter, andere zu überzeugen und zu motivieren. Das alleine reicht aber nicht. Wertschätzung entspricht der offenen Auseinandersetzung mit und dem echten Interesse an Ihren Mitarbeitern. Auch Konflikte dürfen Platz haben, solange sie konstruktiv behandelt werden.

Wertschätzung zeigt sich nicht nur in der Anerkennung der großen Erfolge und Leistungen, sondern indem die unzähligen kleinen alltäglichen Dinge Wert geschätzt werden. Ganz ehrlich: Für ein *„Danke!"* benötigen Sie kein Budget. Auch nicht dafür, dass Sie Interesse an Familie, Hund und Hobbys von Mitarbeitern zeigen. Wann haben Sie beispielsweise das letzte Mal sogenannte *Normalleistungen* anerkannt? Und wann haben Sie Mitarbeiter bei guten Leistungen ertappt? Sagen Sie Ihren Mitarbeitern, was Ihnen gut gefällt oder besser gefallen würde?

Ihr wertschätzender Zugang zu Menschen wird über Ihr Feedback sichtbar. Mit Ihren Rückmeldungen schaffen Sie Orientierung und einen klaren Blick voraus für alle Beteiligten. Auf die (positive) Energie, die sich daraus entfaltet, können Sie bauen.

Vertrauen

All jene, die sich mit der Psychologie des Kunden entlang des Kaufprozesses beschäftigen, wissen: *„Vertrauen kauft."* Viele zum Kunden gerichtete Aktivitäten zielen deshalb darauf ab, das Vertrauen zu gewinnen. Ein Kunde wird (und bleibt) dann (Stamm-)Kunde, wenn er Ihnen vertraut und Ihnen zutraut, sein Bedürfnis zufriedenzustellen. Eine bedeutsame Rolle spielen dabei Mitarbeiter. Sie bilden die sensible Verbindung zwischen dem Unternehmen und dem Kunden. Der kleinste kundenseitige Anflug von Misstrauen gegenüber dem Mitarbeiter kommt einer Misstrauenshaltung gegenüber dem Unternehmen gleich. Und kostet. Im schlimmsten Fall sogar den Kunden. Vertrauen als Erfolgsbooster in Richtung Kunde baut auf das Vertrauen, das dem Mitarbeiter von Ihnen entgegengebracht wird.

Vertrauen und Misstrauen: Vertrauen lässt sich weder verordnen noch – trotz der umgangssprachlich verwendeten Phrase *„Ich leihe dir mein Vertrauen"* – ausborgen. Vertrauen ist unauffällig selbstverständlich. Das bedeutet, dass uns lange nicht bewusst ist, dass wir vertrauen. Erst durch eine Enttäuschung erkennen wir, dass wir vertraut haben. Vertrauen als Grunderfahrung und vor dem Hintergrund persönlicher Erlebnisse mit Menschen, Situationen, Technik ... steht für die Qualität des *Sowohl-Als-Auch* anstelle der des *Entweder-Oder*.

Sie haben beispielsweise Vertrauen in Ihr Auto. Zusätzlich kontrollieren Sie sicher auch in regelmäßigen Abständen dessen Funktionstüchtigkeit. Sie vertrauen auch grundsätzlich Ihrem Arzt und holen erst bei schwerwiegenden gesundheitlichen Problemen eine weitere Meinung ein. In einem Kooperationsprojekt mit all den möglichen Risikofaktoren alleine auf Vertrauen zu setzen, wäre eher naiv bis grob fahrlässig. Selbstverständlich hoffen Sie auf ein vertrauensvolles Zusammenarbeiten, jedoch auf Basis einer vertraglichen Vereinbarung. Allen Beispielen ist eine Grundeinstellung gemein: *Vertraue im Allgemeinen. Misstraue im Speziellen.*

Vertrauen verstanden als konstruktiv, realitätsorientiert und in Balance von *gesundem* Misstrauen und Vertrauen schließt bedingungsloses oder blindes Vertrauen aus. Wie überall macht auch bei der Balance von Vertrauen und Misstrauen die Dosis das Gift. Betrachten wir Regeln des Zusammenarbeitens: Sie können sich auf einige wenige Prinzipien (z.B.: Wir gehen sparsam mit unseren Reisekosten um.) einigen oder ein ausgefeiltes Regelwerk (zu den Kosten von Dienstreisen) erschaffen. Regeln entstehen fast immer aus Misstrauen. Und sie erzeugen die kollektive Intelligenz, sie zu umgehen. Über die selbsterfüllende Prophezeiung kommt es noch viel dicker: Wenn Sie misstrauen, erzeugen Sie genau solche Situationen, die Sie befürchten. Sie können des Weiteren eine Misstrauenskultur wirkungsvoll pushen. Alles, was Sie dafür brauchen, ist ein Whistleblower-Tool.

Als vertrauenswürdig stufen wir üblicherweise Menschen ein, die sich konsequent und berechenbar verhalten. Menschen also, die gleichartige Situationen vergleichbar behandeln und sich an Vereinbarungen oder Absprachen halten. Glaubwürdigkeit und authentisches Auftreten gelten sozusagen als Gradmesser einer gelungenen Vertrauenskultur. Rasch hingegen tauchen Zweifel an der Vertrauenswürdigkeit eines Menschen auf, wenn dieser aktiv um

Vertrauen wirbt oder zu häufig darüber spricht.

Aus Sicht des Mitarbeiters sind Sie das vertrauende oder misstrauende Gesicht des Unternehmens. Misstrauen schadet Ihre Zusammenarbeit und führt eher zum Rückzug des Mitarbeiters als dazu, sich engagiert einzubringen.

Vertrauen und Kontrolle: Vertrauen schließt Kontrolle nicht aus. Kontrolle (mit Ausnahme gesetzlicher, arbeitsrechtlicher oder sicherheitsrelevanter Belange) scheint im Führungskontext eher unsympathisch und einengend konnotiert. Die Gretchenfrage lautet: Wie setzen Sie sowohl Vertrauen als auch Kontrolle in Führung um? Wenn Sie in Führung auf Vertrauen bauen, wählen Sie bewusst Unsicherheit, Kontrollverlust und die Möglichkeit der Enttäuschung. Warum also sollten Sie dieses Risiko eingehen? – Vertrauen als Vorleistung wirkt wechselwirksam. Sie schafft beim Gegenüber eine verpflichtende Kraft. Mit Vertrauen beweisen Sie, dass Sie Ihren Mitarbeitern das Erbringen von Leistung zutrauen und erhöhen gleichzeitig die Selbstverantwortung und Motivation. Vertrauensvolles Miteinander kontrolliert sich so quasi selbst. In Führung bleiben Ihnen außerdem mit Instrumenten wie Feedbackgespräche, Abweichungsanalysen, Benchmarks oder Reviews viele Möglichkeiten, um die Leistung der Mitarbeiter zu erkennen.

Vertrauen und Fehler: Ein vertrauensvolles Klima wirkt sich auf die Fehlerkultur aus. Fehler sind menschlich. Trotzdem, kein Mensch ist stolz darauf, Fehler zu machen. Im Gegenteil – wir streben danach, die Dinge gut – um nicht zu sagen perfekt – zu machen. Tatsächlich ist es ein Fehler, Fehler zu bestrafen. Sanktionen erzeugen Angst vor Fehlern. Und wie wir wissen, ist Angst auf allen Wegen ein schlechter Begleiter. Zieht sie wegen der Fixierung auf Fehler und deren Vermeidung doch eher Fehler an, als dass sie uns vor ihnen schützt. Sanktionen und Tobsuchtsanfälle schlechter Chefs oder Schuldzuweisungen lassen vor allem ein für das Unternehmen schädliches Verhalten entstehen: Das Vertuschen von Fehlern. Fehler vertuschen heißt die Chance verpassen, aus Fehlern zu lernen. Fehler sind schließlich keine einmaligen Irrtümer, sondern können sich immer wieder wiederholen. Die Volksweisheit „*You learn nothing from life if you think you are right all the time*" bringt es auf den Punkt. Fehler sind Erfahrungen und Teil des Zusammenarbeitens. Perspektiven zur Weiterentwicklung ergeben sich aus Fragen, was das Unternehmen (in Bezug auf Fehler) erreichen will und wie das Ziel (z.B.: Verringern von Fehlern) gemeinsam erreicht werden kann. Aus Fehlern lernen und besser werden stellt sich nicht auf Knopfdruck ein, sondern ist – wie jede kulturelle Maßnahme – von vielen langzeitwirksamen Faktoren abhängig. Einer davon ist Vertrauen. Quasi als Vertrauensgrundsatz zu konstruktiver Fehlerkultur empfiehlt sich folgender Erfolgs-Mindset für Führung:

Erfolgs-Mindset für Führung:

1. *Fehler des Chefs sind Fehler des Chefs.* Sich Fehler eingestehen ist letztlich eine Frage der inneren Größe.
2. *Fehler der Mitarbeiter sind nach außen (und nach oben) Fehler des Chefs.* Selbstverständlich ist es intern notwendig, sich mit dem Fehler und möglichen Konsequenzen auseinanderzusetzen. Nach außen jedoch ist es eine Frage der Loyalität dem Mitarbeiter gegenüber.
3. *Erfolge von Mitarbeitern sind Erfolge von Mitarbeitern.* Sich mit fremden Federn schmücken gilt als absolutes Vertrauens-No-Go. Erfolge anderer ungeteilt für sich beanspruchen hat mittelfristig, schleichend und subtil zur Folge, dass die Quellen (Ideen, Konzepte, Engagement ...) versiegen.
4. *Erfolge von Chefs sind Erfolge von Mitarbeitern.* Das Motto guter Chefs ist: „*Erfolge teilen und als kollektiven Erfolg feiern.*"

Vertrauen ist Geben und Nehmen. Vertrauen ist weder Voraussetzung noch Ergebnis. Vertrauen ist wechselwirksam. Dieser Zirkularität zum Trotz: Sie in Führung dürfen sich Vertrauen nicht in Form eines Blankoschecks erwarten. Es ist Kraft Ihrer Rolle vielmehr Ihre Aufgabe, in Vertrauens-Vorleistung zu gehen. Die Vorleistung des Stärkeren, wie es beispielsweise Eltern oder Chefs sind, bildet die Grundlage für eine Vertrauenskultur und setzt darauf, dass Sie Vertrauen in Vertrauen haben und sich selbst vertrauen.

Vertrauen ist ein weicher Faktor mit großen Wirkungen auf Mitarbeiter, Führung und das Unternehmen. Tatsächlich beschleunigt Vertrauen das Unternehmen, wenn Rahmenbedingungen angeboten werden, in dem Vertrauen und Zutrauen wachsen können. Beschleunigen steht hier nicht als Synonym dafür, dass Mitarbeiter schneller, härter oder länger arbeiten. Es handelt sich um das Umfeld, das Beschleunigung zulässt. Das wirkt auf Mitarbeiter motivierend und auf potenzielle Mitarbeiter anziehend. Sie in Führung heben aufgrund der Vertrauenskultur das Kreativitätspotenzial, ermöglichen effizientere und effektivere Problemlösungen und binden Mitarbeiter an das Unternehmen. Damit trägt Vertrauen erheblich dazu bei, das Unternehmen robuster, widerstandsfähiger und wettbewerbsfähiger zu machen. – Können Sie es sich also wirklich leisten, auf Vertrauen in Führung zu verzichten?

5.2 Aufgaben, Menschen, Organisation verbinden

Großer Aufruhr im Wald! *Es geht das Gerücht um, der Bär habe eine Todesliste. Alle fragen sich, wer denn da wohl draufstehe. Als erster nimmt der Hirsch allen Mut zusammen, geht zum Bären und fragt ihn: „Sag' mal Bär, stehe ich auch auf deiner Liste?" – „Ja", sagte der Bär, „auch dein Name steht auf der Liste." Voller Angst dreht sich der Hirsch um und geht. Und wirklich, nach zwei Tagen wird der Hirsch tot aufgefunden.*
Die Angst bei den Waldbewohnern steigt immer mehr. Und die Gerüchteküche um die Frage, wer denn nun auf der Liste stehe, brodelt. Der Keiler ist der erste, dem der Geduldsfaden reißt und der den Bären aufsucht, um ihn zu fragen, ob er auch auf der Liste stehe. „Ja", sagte der Bär, „auch dein Name steht auf der Liste." Verängstigt verabschiedet sich der Keiler vom Bären. Und auch ihn findet man nach zwei Tagen tot auf.
Nun bricht Panik bei den Waldbewohnern aus. Nur der Hase traut sich noch, den Bären aufzusuchen: „Bär, stehe ich auch auf der Liste?" – „Ja, auch du stehst auf der Liste." – „Kannst du mich streichen?" – „Ja klar, kein Problem!" (Quelle: Unbekannt)

Unternehmen erfolgreich machen und den Erfolg halten, ist Aufgabe von Führung. Erfolg beruht auf einem Balanceakt zwischen materieller und immaterieller Werteorientierung, leidenschaftlicher Professionalität und Menschlichkeit, laufende Organisations- und Persönlichkeitsentwicklung.

Führung übernimmt mit Blick auf das gesetzte Ziel konkret Verantwortung für die Organisation, die Aufgaben und die Menschen und weiß, dass es auf das optimale Zusammenspiel dieser

Elemente ankommt. Die sich daraus ableitende Aufgabe liegt darin, Verbindungen zwischen

» Menschen und Aufgaben
» Menschen und Menschen
» Menschen und Organisation

zu knüpfen.

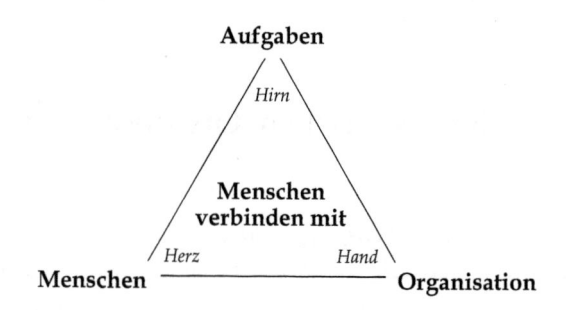

```
              Aufgaben
               /\
            Hirn\
             /    \
            /      \
           / Menschen\
          / verbinden mit\
         / Herz      Hand \
     Menschen ─────────── Organisation
```

Führung nähert sich genau so den wesentlichen Kernaufgaben, die da lauten:

» Orientierung geben: **WAS sind die Ziele und Aufgaben?**
» Zusammenarbeit fördern und Sinn geben: **WOZU machen wir das?**
» Handlung ermöglichen: **WIE werden Ziele und Aufgaben erreicht?**

5.2.1 Menschen und Aufgaben verbinden

Um Menschen und Aufgaben zu verbinden, braucht es Orientierung. Orientierung ermöglicht Klarheit, Erkenntnisse, Wissen, Einsicht, Veränderung oder auch etwas Neues. Metaphorisch gesprochen navigieren wir voran, indem wir uns der einen oder anderen Koordinaten als hilfreiche Aspekte zur Orientierung bedienen. Und zwar völlig eigennützig. – Indem Sie in Führung Orientierung geben, sichern Sie die Leistung ab. Dies gelingt Ihnen, indem Sie Zusammenhänge erkennen, relevante Informationen weiterleiten, Ziele formulieren, Erwartungen aussprechen und lösungsorientiert statt problemfixiert an die Dinge herangehen.

5.2.1.1 Zusammenhänge erkennen

Zusammenhänge erkennen ist das Resultat der Beobachtungsfähigkeiten einer Führungskraft. Sie entpuppt sich als hohe Kunst, die erlernt und beherrscht werden muss. Liegt es doch in unserer menschlichen Natur, unsere Beobachtungen (sehr) rasch zu bewerten oder zu schubladisieren, womit das angeborene Interpretationsbedürfnis von *richtig oder falsch* oder *gut oder schlecht* Möglichkeiten ausschließt. Denken Sie an Bewertungen folgender Art: *„Susanne ist fleißig und Herbert ist faul."* Woran machen Sie fest, dass Susanne fleißig und Herbert faul ist? Weil sie viel arbeitet und zum Unterschied zu Herbert viele Mehrstunden hat? Oder, weil sie an verschiedenen Projekten arbeitet und Herbert an einem? Im Fall der fleißigen Susanne kann Ihre individuelle Bewertung ein positives Bild erzeugen. Welches Bild aber wird von Herbert erzeugt? Würden Sie hingegen zwei Bäume vergleichen, wäre die Bewertung faktenorientierter: *„Das ist eine Eiche und keine Fichte."*

Obwohl eine rasche Bewertung in manchen Situationen unverzichtbar ist, wird oft zu rasch bewertet und kategorisiert. Die angeführten Beispiele zeigen, dass mit *Ist-Aussagen* etwas Absolutes geschaffen wird, obwohl die individuelle Beobachtung nur den Ausschnitt einer individuellen Wirklichkeit widerspiegelt. Auf bemerkenswerte Art und Weise werden so Fakten geschaffen, die letztlich den Raum der Möglichkeiten reduzieren.

Die Fähigkeit zu beobachten, ohne sofort zu bewerten, ist herausfordernd. Jedenfalls ist sie Grundvoraussetzung, um Zusammenhänge im größeren Kontext erkennen zu können.

5.2.1.2 Informieren

Sie können sowohl schriftlich als auch mündlich informieren. In der einen Situation braucht es beides, schriftlich und mündlich, in anderen Fällen ist der eine dem anderen Weg vorzuziehen. Keine Alternative ist, Informationen zurückzuhalten.

Relevante Informationen teilen und an Zuständige weiterleiten bildet eine entscheidende Orientierungsgrundlage. Relevante Informationen sind solche, die für arbeitsbezogene Zusammenhänge notwendig sind und Arbeits- und Teamleistung ermöglichen. Fehlen sie, entsteht ein Intransparenz-Vakuum, das Raum für Spekulationen, Gerüchte, Mutmaßungen, Missverständnisse und Vertrauenseinbußen eröffnet.

Das **Sieb des Sokrates** unterstützt mit drei Fragen, relevante von nicht relevanten Informationen zu trennen:

1. *Ist es wahr?*
Grob fahrlässig handelt, wer falsche oder unzureichende Informationen weitergibt. Jede auch noch so winzige Vernebelungsaktion lässt den Wahrheitsgehalt verblassen. Hingegen beugt transparente, ehrliche und vollständige Information vor. Letztlich kommen falsche oder schön geredete Informationen früher oder später ans Tageslicht.
Informationen sollten gegliedert, prägnant und verständlich aufbereitet bzw. vermittelt werden.
In Bezug auf die Informationsvermittlung kommt auch der guten Abstimmung der Führungskräfte Bedeutung zu. Denn, sämtliche Informationsdiskrepanzen in den Führungsebenen führen unmittelbar zu Unsicherheiten und Irritationen in der Belegschaft.

2. *Ist es gut?*
Nicht die Information an sich muss gut sein, sondern sie muss für den Mitarbeiter hilfreich sein. So ist es im Fall, dass Mitarbeiter abgebaut werden, zwar nicht gut für den Mitarbeiter. Die Information zeitnahe von der Führungskraft anstatt von unbeteiligten Dritten (z.B.: Medien) zu erfahren, bleibt in diesem Fall bedeutsam.
Mit diesem Beispiel erklärt sich auch jene des optimalen Zeitpunkts für eine Information. Eine Information ist dann gut, wenn sie rechtzeitig (und regelmäßig) erfolgt. Auch eine zu frühe Informationsweitergabe kann Irritationen schaffen. Stellen Sie sich vor, dass Sie begeistert von einem künftigen Projektvorhaben berichten. Erst die detaillierte Auseinandersetzung zeigt, dass das Vorhaben nicht wie angekündigt umsetzbar ist. Sollte eine informative Vorausschau kippen, geht die Welt nicht unter. Werden jedoch chronisch Informationen verbreitet und später gekippt, erzeugen Ihre Informationen über das hinter vorgehaltener Hand prognostizierte Ergebnisvakuum Unglaubwürdigkeit und zurückhaltendes Engagement.

3. *Ist es notwendig?*
Im Kern will diese Frage beantworten, ob die Information einer guten Zusammenarbeit und damit dem Unternehmen dient oder nicht. Das Motto lautet *relevant vor interessant* und gibt der

Information einen Sinn: Allen voran sind zielgruppenspezifische Fragen zu klären, wie: *Ist die Information für den Mitarbeiter relevant? Für welchen Mitarbeiter ist die Information relevant?* Zugegeben – viele Informationen sind interessant, stellen aber für den reibungslosen Tagesablauf eines Mitarbeiters anstelle von Unterstützung hohe Belastung (durch die Informationsflut) dar.

5.2.1.3 Ziele formulieren

Ziele geben Orientierung. Sie schaffen Anreize und steuern Aufgaben. Ziele formulieren einen SOLL-Zustand. Entlang des Zielerreichungsprozesses verkörpern sie ein Instrument, mit dem wir Fortschritte kontrollieren und das tatsächlich erreichte Ziel mit dem SOLL-Ziel vergleichen können. Im Grunde bewerten wir die erbrachte Leistung gegenüber der formulierten Erwartung, weshalb es Kriterien für die Zielerreichung braucht.

Es erweist sich als hilfreich, Ziele zahlenmäßig festzuhalten. Zahlen lügen nun mal nicht und machen die Zielüberprüfung messbar (statt nur bewertbar). Ein messbarer IST-SOLL-Vergleich hinkt jedoch dann, wenn Sie auch Auskünfte über die Qualität des Prozesses der Zielverfolgung oder zur Qualität des erreichten Ergebnisses einholen wollen.

Was ist also zu tun, wenn unser Informationsanspruch über das zahlenmäßige Wissen hinausgeht oder wenn Ziele zahlenmäßig kaum erfassbar sind? Denken Sie an Veränderungs- oder Entwicklungsprozesse im Unternehmen oder an Themen rund um die individuelle Mitarbeiterentwicklung. Diesen *soften* Faktoren wie Teamkultur, Kommunikation, neue Herangehensweisen, Freude im Tun, Miteinander u.v.a.m. könnten Sie sich mit folgenden Fragen nähern:

Fragen zur Zielerreichung:

» *Woran erkennen Sie, dass Sie das Ziel erreicht haben?*
» *Woran erkennen andere, dass das Ziel erreicht wurde?*
» *Was ist dann konkret anders? Und was noch?*
» *Worin liegt der Unterschied zur Ausgangssituation?*
» *Für wen entstehen Vorteile/Nachteile, wenn Sie dieses Ziel erreichen?*
» *Was wollen Sie entlang der Zielerreichung besonders beachten?*

Last but not least: Was passiert, wenn ein Ziel erreicht ist? Dann folgen neue Ziele, die eine allenfalls aufkommende gähnende Leere nicht zulassen. Mit Zielen geben Sie in Führung eine Richtung vor, die über den gemeinsamen Weg dorthin lebendig und für Mitarbeiter erlebbar wird. Wie sich dieser Weg tatsächlich gestaltet – als Steig, Feldweg oder Autobahn – hängt von unterschiedlichen Faktoren, vor allem aber von der individuellen Herangehensweise des Mitarbeiters ab. Demungeachtet: Solange die Freude am Tun erhalten bleibt, rechtfertigt jeder Weg das Ziel.

5.2.1.4 Erwartungen aussprechen

Erwartungen sichern Leistungen. Sie bilden die Voraussetzung für das zugehörige Pendant, die Leistung. Leistung kann nur dann seriös und zulässig bewertet werden, wenn Erwartungen gestellt wurden. Die Bandbreite für Bewertungen liegt zwischen: *„Sie haben meine Erwartungen nicht erfüllt.", „Ich hätte mir eigentlich was anders (oder mehr) erwartet.", „Sie haben meine Erwartungen völlig übertroffen."*

Erwartungen unterscheiden sich von Führungskraft zu Führungskraft. Was für die Einen wichtig ist, ist für die Anderen möglicherweise drittrangig. So legen die Einen mehr Wert auf Form und Farbe, die Anderen auf detaillierte inhaltliche Ausarbeitung, wieder Andere auf rasches Abarbeiten von Aufgaben.

Leistung ist nichts Absolutes, sondern ausschließlich eine passende oder unpassende Antwort auf Erwartungen. Genau hier liegt Ihr goldener Führungs-Hebel: Erwartungen sichern Leistungen. Sind keine erkennbaren Erwartungen im Raum, darf es nicht wundern, dass der Output dürftig ist. Dass Erwartungen erfüllt werden, ist nicht selbstverständlich. Dem Wörtchen *selbstverständlich* kommt in diesem Kontext die Bedeutung zu, die es verdient: Sie können es nur *selbst verstehen*. Denn, was für Sie selbstverständlich ist, kann für andere erst dann verständlich werden, wenn Sie ihnen die Chance geben, es zu verstehen und anzuwenden. Was auch immer Sie sich erwarten: Zu hoffen, dass andere es erraten, ist zu wenig. Räumen Sie also auf mit Vermutungen und Interpretationen und sprechen Sie an, worum es Ihnen geht. Klar und präzise. Ihre Erwartung bekommt genau dann Navigationskraft, wenn Sie sie artikulieren. Sie erhalten zwar nicht die Garantie, dass Ihr Erwartungen allesamt erfüllt werden, Sie reduzieren jedoch Missverständnisse oder Mutmaßungen und erhöhen die Erwartungskonformität der Leistung. Mit der ausgesprochenen Erwartung erzeugen Sie Umsetzungsenergie und vermeiden vor allem eine BAN-Leistung. *BAN* steht für *Besser als Nichts*.

Parallel zu Ihren Erwartungen gegenüber Ihren Mitarbeitern, Kollegen, Lieferanten u.v.a.m. lohnt ein Blick darauf, was die angesprochenen Interessensgruppen von Ihnen erwarten dürfen.

Ihr Leistungsversprechen:

Ihr Leistungsversprechen ist eine weitere Säule, wenn es darum geht, Orientierung zu geben:
» *Was bieten Sie als Führungskraft an?*
» *Was dürfen andere sich grundsätzlich von Ihnen erwarten?*
» *Woran konkret erkennen andere das?*

Führen bedeutet fordern und fördern von u.a. Selbstverantwortung und Eigenständigkeit. Es mag selbstredend sein, dass sich Führungskräfte eigenständige und selbstverantwortliche Mitarbeiter erwarten. Wunsch und Wirklichkeit liegen tatsächlich viel zu oft weit auseinander. Dabei liegt es nicht nur am Mitarbeiter, diese Anforderungen zu erfüllen. Rahmenbedingungen, welche die Führung vorgibt, können genauso einschränken, wie Führungskräfte selbst. Aber auch die Rahmenbedingungen entschuldigen nicht alles. Denn letztlich wählt ein Mitarbeiter für sich, ob er selbstverantwortlich arbeiten will oder eben nicht.

Selbstverantwortlichkeit und Eigenständigkeit baut auf eine ressourcen-, vertrauens- und zutrauensorientierte Grundhaltung. Diese Einstellung eröffnet die Erkenntnis, dass Führung nur Aufgaben und nicht Menschen organisieren muss. Atmen Sie ruhig auf! Sie brauchen Ihre Mitarbeiter nicht für jede Aufgabe einteilen. Es reicht, wenn Sie dafür sorgen, dass die Aufgaben von Mitarbeitern übernommen und umgesetzt werden. Dazu reicht es, dass Erwartungen im Zusammenarbeiten transparent gemacht sowie laufend reflektiert und angepasst werden:
» *Was sind die Aufgaben des Mitarbeiters? Was ist der Sinn und Zweck davon?*
» *Was ist das Wirkungsfeld, in dem der Mitarbeiter agiert? Was liegt in seiner Kontrolle?*
» *Wofür ist der Mitarbeiter verantwortlich? Welche Befugnisse braucht er?*

Mit dieser Herangehensweise schaffen Sie sich selbst und Ihren Mitarbeitern Freiraum. Freiraum, der sowohl das Tun als auch das Interesse am Fortschritt beflügelt. Und Freiraum, der die Motivation, gemeinsam weiter zu gehen, nährt. Besondere Kreativitäts-Freiräume bietet beispielsweise Google seinen Mitarbeitern: Jedem Mitarbeiter stehen wöchentlich knapp ein Fünftel der Arbeitszeit zur Verfügung, um eigene oder fremde Ideen für Produkte oder sonstige Innovationen voranzutreiben. Die Navigation dieses Prinzips ist alles andere als beliebig und orientierungslos. Google verfolgt damit die Idee, beliebigen Ideen Raum zur Verfügung zu stellen, um überraschende Produkte mit dem vorhandenen Wissen zu kreieren.

5.2.1.5 Lösungsorientiert denken

Menschen sind einerseits dauernd auf der Suche nach Lösungen. Und andererseits sind Menschen auch Experten im Sammeln, Ausbauen, Anhäufen und Verteidigen von Problemen. Manchmal ist es sogar sehr praktisch in Problemen statt in Lösungen zu denken. Schließlich kennen wir das Problem, wir sind mit ihm vertraut und haben Strategien im Umgang mit dem Problem entwickelt. Da könnte eine Lösung störend sein, da sie möglicherweise Probleme schafft, die wir nicht kennen und uns ängstigen. So betrachtet erfüllt das fokussierte Problem eine bedeutsame Aufgabe: Es schützt uns vor anderen Problemen.

Keine herausragende Führungskompetenz zeigt der, der auf alles eine Antwort hat und jedes Problem prompt (im Alleingang) löst. Führungskräfte sollten nicht die Rolle des *ersten Troubleshooters* im Unternehmen einnehmen. Ihnen kommt vielmehr die Aufgabe zu, Chancen von Problemen zu erkennen und zu nutzen. Diese Fähigkeit beruht auf einem positiven und nach vorne ausgerichteten Denkansatz, was F. Malik so ausdrückt: *„Der Grundsatz, positiv zu denken, hat die Funktion, die Aufmerksamkeit von Führungskräften auf die Chancen zu richten."* Die positive Grundeinstellung drückt sich über den ressourcenorientierten Ansatz aus, in dessen Zentrum Fähigkeiten, Stärken, Erfolge und Potenziale der Mitarbeiter stehen. Schwierigkeiten ins Auge schauen und Kräfte bündeln sind weitere Wesensmerkmale, um konstruktiv und lösungsfokussiert nach vorne zu gehen.

Das Denken *weg vom Problem* konzentriert sich eher auf Vergangenheit, Mangel oder Defizite samt Schuldzuweisungen. Eine gewisse Schwere macht sich rasch breit, da das Problem über diese Sicht omnipräsent bleibt. Diese Schwere des Problematischen können Sie sprachlich auflösen, indem Sie das Wort *Problem* durch *Thema* ersetzen. Fühlt es sich nicht auf wundersame Art und Weise leichter an, wenn Sie ein Thema statt ein Problem mit Ihrer Buchhaltung haben?

Trotz dieser sprachlichen Erleichterung eröffnet erst die Erkenntnis darüber, dass *Pro-bleme* für etwas stehen (andernfalls würden sie *Contra-bleme* heißen), den Blick auf die Zukunft. Mit dieser Sichtweise nach vorne lenken sie *hin zur Lösung*. Die *Hin-zu-Blickrichtung* impliziert, dass Fortschritte und Verbesserungen auf dem Weg dorthin anerkannt, gewürdigt und regelmäßig handlungsorientierte Entwicklungsschritte neu vereinbart werden.

Anregungen für HIN-ZU Fragen

Fragen zur Ausnahme
» *Was funktioniert trotz der geschilderten Probleme immer noch?*
» *Gab es eine Leistung in der Vergangenheit, mit der Sie mehr zufrieden waren? Was genau war zu diesem Zeitpunkt anders?*

Ressourcenorientierte Fragen
» *Was war in einer früheren schwierigen Situation hilfreich?*
» *Was läuft gut und soll bei einer Veränderung bestehen bleiben?*

Skalenfragen
» *Wie nahe sind Sie der Lösung auf einer Skala von 0–10? (10: weit weg, 0: Lösung erreicht)*
» *Was wäre auf Ihrer Skala ein guter Schritt nach vorne?*

Unterschiedsbasierte Fragen
» *Was macht den Unterschied zwischen den Werten 7 und 9 aus?*
» *Woran würden Sie merken, dass der Skalenwert von 8 auf 6 gesunken ist?*

Zirkuläre Fragen
» *Was meinen Ihre Kollegen dazu? Sehen sie es ähnlich?*
» *Was würden andere als Lösung nennen?*

In die Zukunft projizierende Fragen
» *Was ist konkret beim Erreichen der Lösung anders?*
» *Was sind erste Hinweise auf eine erfolgreiche Entwicklung?*
» *Nehmen wir an, das Problem wäre gelöst. Was wäre dann anders? Was würden Sie dann anders tun?*

5.2.2 Menschen und Menschen verbinden

Zusammenkommen ist ein Beginn,
zusammenbleiben ist ein Fortschritt,
zusammenarbeiten ist ein Erfolg.
(H. Ford)

Zusammenarbeiten setzt auf Beziehungen, Verbindungen, Emotionen, Wertschätzung, Miteinander. Führungsarbeit kann dann als gelungen interpretiert werden, wenn Zusammenhänge erkannt, Synergien genutzt und Menschen miteinander verbunden werden.

5.2.2.1 Zusammenarbeiten oder zusammen arbeiten?

Durch Arbeitsteilung gelingt es einer Organisation, Komplexität zu reduzieren und komplexe Zusammenarbeit zu erlauben. Arbeitsteilung bewirkt, dass Menschen ihre Aufmerksamkeit auf den zugewiesenen Aufgabenbereich richten können. Und baut gleichzeitig auf das koordinierte Verhalten aller Beteiligten.

Daraus ergibt sich eine zentrale Aufgabe für Führung. Führung muss Zusammenarbeit ermöglichen. Speziell dann, wenn es Zusammenarbeit von alleine nicht gibt. Beachten Sie hierbei den Unterschied zwischen *zusammenarbeiten* und *zusammen arbeiten*: Zusammen arbeiten betont ein nachbarschaftliches oder nebeneinander stattfindendes Arbeiten. Als Ergebnis erhalten Sie maximal die Summe der Einzelleistungen, wenn wir Informationsverlust durch Einzelarbeiten großzügig ignorieren. Zusammenarbeiten drückt einen kooperativen Ansatz aus, weil das Ergebnis mehr als die Summe der Einzelleistungen ist.

Das Führungscredo lautet also: Lassen Sie Kooperation durch Begeisterung für das Miteinander zu und fördern Sie die Begeisterung für die Zusammenarbeit. Lehnen Sie außerdem Modelle, die Einzelleistungen in den Vordergrund stellen, ab. Keine oder schlechte Zusammenarbeit ist zeit- und kostenintensiv. Wenn Sie sich das nicht leisten wollen, dann seien Sie gut beraten, Verschwendungen, die Sie nicht über das Controlling abbilden können, zu beseitigen. Solche Verschwendungen zeigen sich beispielsweise in aufwendiger

Mehrarbeit, unnötigen Doppel- und Dreifacharbeiten, chronischem Informationsmangel, hohem Misstrauen, sperrigen Strukturen, überbordender Administration, wuchernden E-Mail cc/bcc-Kulturen u.v.a.m.

Selten ist eine Zusammenarbeit perfekt. Und es gibt immer Luft nach oben zur Verbesserung der Zusammenarbeit. Dabei ist natürlich jeder Einzelne gefordert. Selbst wenn sich mal Spannungen auftun, liegt es an allen, die vorhandene Energie zu nutzen und in Potenziale umzuleiten, die für das Zusammenarbeiten und für die Organisation hilfreich sind. Ab und an reicht es, den Ausgangspunkt der geschäftlichen Tätigkeit ins Visier zu nehmen. Schließlich arbeiten Sie genau deshalb zusammen, weil Sie Lösungen für Ihren Kunden schaffen wollen. – Zusammenarbeit ist für das Unternehmen überlebenswichtig.

5.2.2.2 Zusammenarbeiten in Teams

Teams charakterisieren sich im Unterschied zu Gruppen (von bspw. Menschen an der Haltestelle) folgendermaßen: Teams sind als Leistungseinheit zeitlich über eine gemeinsame Zielsetzung verbunden. Die Rollen und Aufgaben sind klar verteilt und allen Beteiligten bekannt, womit sich die Erledigung der Aufgaben selbst organisiert, indem jeder mitverantwortlich ist und aktiv zur Lösung beträgt. Teams setzen auf Verbindlichkeit in Bezug auf Meetings und Abläufe mit wechselseitigen Abhängigkeiten. Nach außen ist das Team gemeinsam für die Ergebnisse verantwortlich.

Teams sind keine Familien, was folgende kurze Episode verdeutlicht: Vor geraumer Zeit erzählte mir eine Führungskraft stolz: *„Wir sind wie eine Familie."* Und wenig später hörte ich: *„Wir haben in unserem Team eine Familienkrise."* – Sie suchen möglicherweise spontan nach Antworten auf die Frage, was vorgefallen sein mag, sodass das *Familienglück* gestört wurde? Für unsere Betrachtungen lassen wir die Hintergründe beiseite. Denn der Knackpunkt ist, dass Analogien zwischen Familie und Team nur begrenzt Sinn ergeben: Allen voran existieren Teams oder Unternehmen nur, solange es eine gemeinsame Aufgabe gibt. Familien hingegen existieren aufgabenneutral. Es steht weiters jedem jederzeit frei, aus dem Team oder Unternehmen auszuscheiden. Einer Familie gehört man immer an – egal wie (dis-)harmonisch die Beziehungen sind. Und zu guter Letzt sind Familien von der Leistung ihrer Mitglieder unabhängig; Teams nicht.

Die **Zusammensetzung guter Teams** braucht nach M. Belbin die Ausgewogenheit wissensorientierter, kommunikationsorientierter und handlungsorientierter Typen. Vorausgesetzt, die Unterschiede werden als Bereicherung denn als Bedrohung verstanden, profitiert Zusammenarbeit genau von dieser Vielfalt.

Teams setzen auf die Wechselwirkung von Individuum und Gemeinschaft, von Ich und Wir, von Einzel- und Kollektivleistung. In seinen Entwicklungsphasen durchlebt jedes Team verschiedene Dynamiken, die sich auch in der Team-Produktivität zeigen. Die hohe Leistungsfähigkeit setzt dabei auf die Dynamik folgender Parameter:

» **ES** steht für die Aufgaben.
» **WIR** sind als Ganzes ein Team und bringen dies durch die Akzeptanz jedes einzelnen Mitglieds und den Beziehungen untereinander zum Ausdruck.
» **ICH** impliziert die vorhandenen Spielräume zur persönlichen Entfaltung als Teammitglied bei den übernommenen Aufgaben samt den zugehörigen Kompetenzen und Verantwortlichkeiten.

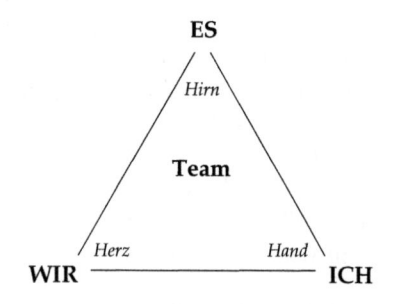

```
              ES
             /  \
           /Hirn \
          /       \
         /  Team   \
        /           \
       /Herz    Hand \
    WIR ─────────────── ICH
```

Die einseitige Betonung eines der angeführten Faktoren kann kurzfristig unproblematisch sein. Anhaltende einseitige Betonung führt jedoch zu erheblichen Spannungen, die zulasten der anderen Einflüsse gehen. So kann es am WIR-Gefühl mangeln, weil bspw. die individuellen Interessen zu stark betont werden. Wird das *Wir-als-Team-Denken* wiederum überbetont oder zum singulären Credo, verliert der Einzelne seine Entfaltungsqualitäten. Wird hingegen die Arbeitserfüllung, das ES überbetont, fehlen Entwicklungsmöglichkeiten für die Beziehungen im Team. Angelehnt an das als TZI-Dreieck (Themen Zentrierte Interaktion nach R. Cohn) bekannte Konzept ist ein Team in das umgebende Organisationssystem im sozialen und historischen Kontext eingebettet, womit wir wieder die Verbindung eines Teams als Subsystem zum Umfeld erkennen.

Die **ES-WIR-ICH-Balance** zu halten, lohnt sich auch aus der Perspektive des **Leistungspotenzials** im Kollektiv. Menschen neigen zum sozialen Faulenzen: Sie zeigen die Tendenz in Gegenwart anderer bei einfachen Aufgaben schlechter und bei schwierigen Aufgaben besser abzuschneiden, wenn die eigene Leistung nicht messbar ist. Dieses Phänomen wurde erstmals von M. Ringelmann in den 1880er Jahren erkannt. Er betrachtete eine Gruppe beim Tauziehen (als eher leichte Aufgabe) und stellte fest, dass die Einzelleistungen beim gemeinsamen Ziehen geringer waren, als hätten die Probanden alleine am Tau gezogen. Spätere Versuche zeigen, dass komplexe Aufgaben, wie eine schwierige mathematische Fragestellung, die Einzelleistung erhöhen. Übertragen auf die Aufgaben im Team, bei denen die einzelnen Leistungen real selten messbar sind, ergibt sich folgende Empfehlung: Lassen Sie schwierige Aufgaben im Team und einfache Aufgaben alleine bearbeiten.

5.2.2.3 Wenn Zusammenarbeit nicht funktioniert

Wenn Zusammenarbeit eine zentrale Rolle für Führung spielt, ist es nur plausibel, nach den Konsequenzen zu fragen, wenn Mitarbeiter nicht zusammenarbeiten (wollen).

Die Antwort auf solch eine Situation ist nicht trivial, weshalb sich ein paar Gedanken zu Kooperationen lohnen. R. Sprenger meint: *„Wenn Sie mit jemanden zusammenarbeiten, dann sollten Sie ihm vertrauen. Wenn Sie ihm nicht vertrauen, dann arbeiten Sie besser nicht zusammen."* Vertrauen bezieht sich immer *in Bezug auf etwas* (z.B.: unsere Zusammenarbeit). Wenn wir also in Bezug auf die Zusammenarbeit vertrauen, gehen wir davon aus, dass unser Gegenüber unter den gegebenen Umständen das Richtige tut und den Ermessensspielraum in unser beider Sinne nutzt. Sie selbst wählen dabei aus, ob Sie zusammenarbeiten, nicht zusammenarbeiten, die Zusammenarbeit beenden oder die Kooperation über Verträge und Vereinbarungen absichern.

Wir betreiben keinen Wettbewerb, um zusammenzuarbeiten, sondern wir arbeiten zusammen, um im Wettbewerb zu bestehen. Und zwar genau dann, wenn sich sinnstiftende Vorteile aus der Kooperationen ergeben, wie die Optimierung des Kundennutzens, des Wissenstransfers, der finanziellen und zeitlichen Ressourcen und der Flexibilität.

Lägen keine überzeugenden Gründe für eine Zusammenarbeit vor, bestünde auch kein Kooperationsbedarf, was sich im Inneren eines Unternehmens ausschließt. Erkenntnisse aus der Spieltheorie liefern einen praxistauglichen Ansatz zur Zusammenarbeit, genannt *TIT for TAT*.

> **TIT for TAT - Kooperationsstrategie in 3 Schritten:**
> 1. Kooperiere! Biete zuallererst Kooperation an.
> 2. Wenn das Angebot zur Zusammenarbeit angenommen wird, setze weiter auf Vertrauen und Kooperation. Wird das Angebot ausgeschlagen, bestrafe sofort und konsequent. Sprich: Handle! Nicht handeln heißt zustimmen.
> 3. Mache nach einer gewissen Zeit wieder ein Angebot.

TIT for TAT lässt sich leicht in so gut wie allen Bereichen unseres Lebens umsetzen. Egal, ob Sie die Arbeits- und Aufgabenaufteilung im Haushalt ansprechen, Ihre Beziehungen zu Freunden oder Bekannten oder das Interagieren im Unternehmen.

Zusammenarbeiten stützt sich auf das Potenzial, das Menschen dafür mitbringen. Auch wenn sich in nahezu allen Stellenprofilen **Teamfähigkeit** als Anforderung findet, heißt das nicht, dass jeder Stelleninhaber tatsächlich teamfähig ist. Teamfähig sein erfordert neben der Kooperationskompetenz vor allem Kommunikations-, Konsens- und Kritikfähigkeit. Möglicherweise haben auch Sie die Erfahrung gemacht, dass es Menschen gibt, die diese Fähigkeiten in verschwindend kleiner Dosis mitbringen. Tendenziell fällt die Zusammenarbeit jenen Menschen schwer, die sich über ihre fachliche Kompetenz einen Expertenstatus erarbeitet haben. Obwohl als Experte geschätzt, besteht die Gefahr, dass das Team zu wenig von der fachlichen Expertise profitiert. Über die fachliche Expertise lassen sich Menschen finden, die zurückgezogene Arbeit schätzen und solche, die als Karrieristen entlarvt werden. Letztere verfolgen ein Ziel: Die Sprossen der Karriereleiter erklimmen. Das Team steht stellvertretend als Mittel zum Zweck.

Ihre Chance bei neuen Mitarbeitern nutzen Sie als Führungskraft dann besonders gut, wenn Sie bei der Auswahl bewusstes Augenmerk auf die Teamfähigkeit legen. Im Gegensatz zu sozialen Fähigkeiten lassen sich fachliche Mängel rascher aneignen. Irreführend ist es daher, Zeugnissen, von denen wir weder wissen, wie sie zustande gekommen sind, noch nach welchen Maßstäben beurteilt wurde, zu viel Raum im Bewerbungsgespräch zu geben. Noten oder in Prosa ausgefeilte Bewertungen geben maximal Orientierung zur groben Einschätzung. Zeugnisse könnten Sie gut auf die Leistungsbewertung von Mitarbeitern umlegen. Unterschiedliche Führungskräfte bewerten Leistungen aus unterschiedlichen Blickwinkeln und deshalb nicht notwendigerweise gleich wertig.

Wie der Start so das Rennen: Besonders dann, wenn die Freude über den gefundenen Mitarbeiter nach längerer Suche groß ist, ist es in den ersten Wochen (in der Probezeit) essenziell, die Fähigkeit zum Zusammenarbeiten des Mitarbeiters zu checken. Im operativen Hamsterrad versinkend und erleichtert darüber, jemanden gefunden zu haben, achten wir mitunter zu wenig darauf, wie die Zusammenarbeit im Team funktioniert. Dabei besteht genau in dieser Zeit die einfache Möglichkeit, die Entscheidung relativ schadenfrei zu korrigieren. Einen neuerlichen Bewerbungsprozess im Zeitalter des Fachkräftemangels zu starten und die Verantwortung für wiederholt knappe Ressourcen zu übernehmen, schreckt jedoch viele Führungskräfte ab, frühzeitig die Reißleine zu ziehen.

Für die Teamfähigkeit ist nicht die Frage nach dem besten, sondern nach dem passendsten Mitarbeiter zu beantworten. Alles andere fügt sich ein. Das bestehende Team wird – wenn der Teamspirit vorhanden ist – die Entscheidung gerne mittragen, solange es erkennt, dass alle Bemühungen gesetzt werden, den guten durch den passenden Neuzugang abzulösen.

Versetzen Sie sich in eine andere Situation: Sie bemerken, dass sich in Ihrem Team Grüppchen bilden, da und dort Gerüchte oder Beschwerden entstehen und Mitarbeiter mehr übereinander statt miteinander reden. Oftmals verbergen sich aufgebaute Konkurrenzsituationen hinter Grüppchenbildungen. Schließlich liegt es in der Natur der Menschen, sich zusammenzuschließen, die eigene Gruppe zu solidarisieren und sich gegen andere Gruppen abzugrenzen, um die eigene Position zu stärken. So frühere Warnsignale nicht erkannt wurden, heißt es spätestens jetzt: Handeln! Legen Sie den Blick auf die Zusammenarbeit. Zur Erinnerung: Sinn und Zweck eines Unternehmens ist es, Probleme des Kunden zu lösen. Mittels Arbeitsteilung und intelligenter Zusammenarbeit kann Komplexität reduziert und gemeinsam Kundennutzen generiert werden. Verweigerte Zusammenarbeit entspricht einem einsamen statt gemeinsamen Modell und wirkt kontraproduktiv auf das Unternehmen. Fehlt sie also oder tun sich Lücken auf, liegt es an Ihnen in Führung, Mängel zu beheben, Unebenheiten zu glätten oder – wenn Ihre Interventionen erfolglos bleiben – Konsequenzen zu setzen. Konsequenzen, die das kontraproduktive Verhalten einzelner Mitarbeiter sanktionieren. Es ist Ihre Pflicht, eine Antwort auf nachfolgende Frage zu finden. Speziell auch dann, wenn die Antwort unpopulär ausfallen mag: *Was kostet es das Unternehmen, das Team und Sie, wenn Sie weiterhin nicht-kooperatives Verhalten dulden?*

5.2.3 Menschen und Organisationen verbinden

Die Geschichte von JEDER, JEMAND, IRGENDJEMAND und NIEMAND: Es ging darum, eine wichtige Aufgabe zu erledigen. JEDER war überzeugt, dass sich JEMAND darum kümmert. IRGENDJEMAND hätte es tun können, aber schließlich tat es NIEMAND.
JEMAND wurde sehr wütend, weil es eigentlich JEDERs Aufgabe war. JEDER war aber der Meinung, IRGENDJEMAND könnte es machen. Und NIEMAND wusste, dass JEDER es nicht erledigen würde. Schließlich beschuldigte JEDER JEMAND, weil NIEMAND tat, was IRGENDJEMAND hätte tun können. (Quelle: unbekannt)

Damit Sie in Führung die geschilderte Situation rund um die vier Protagonisten JEDER, JEMAND, IRGENDJEMAND und NIEMAND ausklammern können, braucht es einige Schlüsselfähigkeiten, die es Ihnen ermöglichen, Menschen und Organisationen zu verbinden. Dazu zählen insbesondere Ihre Entscheidungskompetenz und Ihr Verantwortungsbewusstsein.

5.2.3.1 Entscheidungen treffen und umsetzen

Entscheidungen haben durch unterschiedliche Führungsstufen (Top Management, Bereichsleiter, Teamleiter ...) verschiedene Ausprägungen und Wirkungskreise. So können Entscheidungen eher strategischer Natur sein, tagesaktuell oder es handelt sich um Entscheidungen rund um Rahmenbedingungen oder Regeln. Führungsentscheidungen – egal welcher Art – sind im Allgemeinen schwierige Entscheidungen, die Mitarbeiter alleine nicht treffen. Beispielsweise, weil die Erfahrung, Kompetenz oder das Zutrauen durch den Mitarbeiter fehlen. Entscheiden in nicht entscheidbaren Situationen kristallisiert sich als essenzielle Führungskompetenz heraus.

Entscheidungen treffen: Entscheidungen reduzieren die Komplexität und erhöhen die Arbeits- und Überlebensfähigkeit von Unternehmen. Jede Entscheidung wirkt sowohl nach innen als auch nach außen. Genau genommen stehen Führungskräfte existenziell unter Entscheidungszwang. Führung zeigt durch ihre Entscheidungsstärke Verantwortung, Mut sowie Zuversicht. Fehlende Entscheidungskompetenz setzt das Umfeld grob fahrlässig dem Chaos, der Komplexität verbunden mit Orientierungslosigkeit und Stabilitätsverlust aus. Auf den Punkt gebracht: Fehlen Entscheidungen, fehlt Führung.

Entscheidungen beherbergen Ungewissheit. So können sich Entscheidungen aus dem Rückspiegel betrachtet als Glücksgriff oder als Fehler herausstellen. Das Risiko hierbei ist: Zum Zeitpunkt der Entscheidung ist das Ergebnis nicht bekannt. Selbst später kann nicht eindeutig beurteilt werden, ob die Entscheidung richtig oder falsch war. Denn auch Antworten auf Folgen von möglichen alternativen Entscheidungen bleiben offen. Entscheidungen sind deshalb weniger richtig oder falsch als vielmehr angemessen, nützlich oder notwendig für die Situation zum jeweiligen Entscheidungszeitpunkt. Trotz zugrundeliegender Informationen, Analysen und Erkenntnisse bleibt letztlich immer ein Quäntchen Ungewissheit für die zu treffende Entscheidung und Überraschungspotenzial in Hinblick auf das Ergebnis.

Entscheidungen umsetzen: Entscheiden alleine reicht nicht. Jede Entscheidung verfolgt die Absicht, umgesetzt zu werden. Allen voran müssen Entscheidungen kommuniziert werden: Es braucht die Information, dass entschieden wurde und die Information, was entschieden wurde. So wird auch erkennbar, welche Alternativen abgelehnt wurden. Die Information, wer entschieden hat, hat zudem hohe Relevanz für die Akzeptanz der Entscheidung. Die Zustimmung wird erhöht, wenn sich der Sinn der Entscheidung erschließt. Ob sich eine Entscheidung dann auch noch als kraftvoll entpuppt oder nicht, liegt nicht an der Entscheidung selbst, sondern an ihrem Inhalt. Die für den Umsetzungserfolg notwendige frei werdende Energie erkennen Sie daran, ob Ihre Entscheidung das Verhalten, also die Handlungen der Mitarbeiter beeinflusst, und ob Sie Bewegung in der Organisation erkennen.

```
           Information
              /\
             /Hirn\
            /      \
           / Entscheidung\
          /              \
         /Herz      Hand  \
Zustimmung ─────────────── Handlung
```

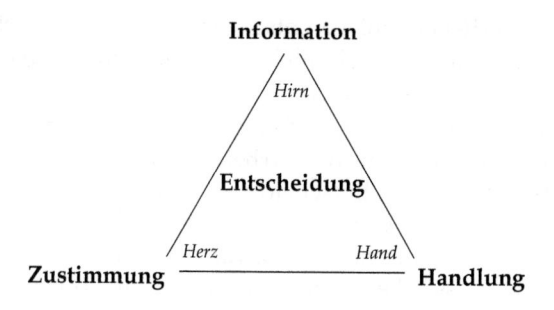

5.2.3.2 Knackpunkt: Quantität von Entscheidungen

Fehlen Entscheidungen, fehlt Führung. Fehlende Entscheidungen bestätigen fehlendes Verantwortungsgefühl. Entscheidungsignoranz signalisiert klar und deutlich, dass die Zuständigkeit von jemanden für etwas und gegenüber jemanden nicht übernommen wurde. Falls Sie sich zu den Entscheidungsmuffeln zählen, sollten Sie sich Fragen folgender Natur gefallen lassen: *Wie leben Sie Ihre Führungsverantwortung? Wie erfüllen Sie die an Sie gesetzten Erwartungen? Wie soll sich das Unternehmen weiterentwickeln und was tun Sie dafür? Was berechtigt Sie, eine Führungsaufgabe innezuhaben?*

Welche Gründe könnte es geben, dass Entscheidungen hinausgezögert bzw. nicht getroffen werden oder nur dann vorsichtig getroffen werden, wenn auch zig andere Kollegen basisdemokratisch die Entscheidung mittragen? In der Tat: Entscheidungen treffen heißt Verantwortung übernehmen. Praktisch übernehmen Führungskräfte die Verantwortung für die eigenen Entscheidungen. Darüber hinaus tragen sie Mitverantwortung für Entscheidungen, die im eigenen Bereich von Mitarbeitern getroffen werden. Und sie tragen auch Mitverantwortung für Entscheidungen, die außerhalb ihres Wirkungsfelds von beispielsweise höheren Führungsebenen, wie der Geschäftsführung oder den Eigentümervertretern, getroffen werden. Selbst dann, wenn Entscheidungen unsinnig oder falsch erscheinen. Führung, die diese Verantwortungen ablehnt, nimmt den Mitarbeitern Orientierung, schafft Verunsicherung und Instabilität im Unternehmen. Leugnen von Verantwortung drückt sich sprachlich z.B. folgendermaßen aus: *„Ich persönlich will das zwar nicht, aber es wurde beschlossen, dass ...", „Aus gegebenem Anlass ..."*

Wer sich für etwas entscheidet, entscheidet sich gleichzeitig gegen die Alternativen. Diese werden naturgemäß von Menschen besonders hervorgehoben, die sich anders entschieden hätten, die Entscheidung anzweifeln oder sie mit allen verfügbaren Mitteln bekämpfen. Nun gibt es Menschen, die alles tun, um Gegnern oder konfliktären Situationen auszuweichen. Weil sie beliebt sein und geliebt werden wollen, vermeiden sie es, Entscheidungen zu treffen. Sie legen sich nicht fest und machen ihren Standpunkt nicht transparent. Sie leben im Schutz eines Entscheidungsvakuums. Führungskräfte, die nicht entscheiden wollen, argumentierten gerne über Sachzwänge: *„Mir sind die Hände gebunden, weil unser System / unser Gehaltsschema / unsere typische Vorgehensweise ..."*

Betrachten wir das andere Extrem, das sich folgendermaßen charakterisiert: Entscheidungen liegen grundsätzlich in der Führungskompetenz, Entscheidungen von Teammitgliedern werden chronisch ausgehebelt und zu einer Führungsentscheidung transformiert. Die Essenz dieses Entscheidungsverhaltens lautet: *Das Über-Verantwortungsgefühl von wenigen hebelt das Verantwortungsgefühl von vielen aus.* Warum auch sollte ein Mitarbeiter Verantwortung übernehmen, wenn Probleme hierarchisch nach oben delegiert werden können, Lösungen vorgegeben sind oder die engen Rahmenbedingungen kaum Raum für Verantwortung ermöglichen. Solch eine Über-Verantwortung von Führung unterbindet das gestalterische Engagement von Mitarbeitern und lässt Potenziale brachliegen. Das Dilemma liegt oft darin, dass Führungskräfte zeitgleich beteuern, wie wenig Verantwortung Mitarbeiter übernehmen und wie viel Verantwortung bei ihnen selbst liegt.

Stehen Sie der Motivation und Leistungsfähigkeit Ihrer Mitarbeiter nicht im Weg! Treten Sie zurück und entscheiden Sie nichts, was Mitarbeiter auch selbst entscheiden können. Geben Sie Entscheidungsbefugnisse an der richtigen Stelle ab. Und befähigen Sie Ihre Mitarbeiter Schritt für Schritt, über den größten Teil des operativen Geschäfts selbst zu entscheiden. Im Kern verbergen sich Fragen wie: *Was kann ich tun, damit Mitarbeiter Verantwortung übernehmen? Wie setze ich das Potenzial der Mitarbeiter frei? Wie erschaffe ich ein Unternehmen, indem Mitarbeiter gerne und engagiert arbeiten?*

Exzellente Führung unterscheidet zwischen Entscheidungen und echten Führungsentscheidungen. Echte Führungsentscheidungen sind Entscheidungen, die für das Unternehmen als Ganzes getroffen werden müssen und das *big picture* des Unternehmens im Heute und Morgen ausmachen, wie die Unternehmensziele oder

Maßnahmen und Mittel zur Erreichung der Ziele. Während echte Führungsentscheidungen nur durch die Führungskraft getroffen werden, brauchen Führungskräfte die Bereitschaft, die Verantwortung an der richtigen Stelle abzugeben. Sie trauen ihren Mitarbeitern zu, die übertragenen Aufgaben zu erledigen. Jemandem etwas zutrauen impliziert das Vertrauen darauf, dass Mitarbeiter kompetent ihre Arbeit verrichten.

5.2.3.3 Entscheidungstools

Damit unsere Entscheidungen nicht ganz aus der Luft gegriffen sind, greifen wir auf unterschiedliche Entscheidungsgrundlagen zurück: Bewertung der Marktsituation, Bewertung der finanziellen Entwicklung des Unternehmens, Unternehmensziele und Strategien, Mitarbeiter- und Kundenzufriedenheitsanalysen, Mitarbeiterpotenziale, Erfahrungen u.v.a.m. Durch die Abwägung der Vor- und Nachteile gelangt man häufig zur Entscheidung. Und wenn nicht, bieten sich folgende Möglichkeiten an:

Konkrete Fragen: Tun oder nicht tun. Um zu Entscheidungen zu gelangen, bieten sich vier Fragen an, die sich auf die Auswirkungen der Entscheidung zwischen Alternativen A, B ... beziehen:

Tun oder nicht tun – 4 Fragen:

1. *Was passiert, wenn Sie sich für die Variante A entscheiden?*
2. *Was passiert nicht, wenn Sie sich für Variante A entscheiden?*
3. *Was passiert, wenn Sie sich für die Variante B entscheiden?*
4. *Was passiert nicht, wenn Sie sich für Variante B entscheiden?*

Tetralemma: Angenommen, Sie stehen vor der Herausforderung, sich zwischen zwei Varianten zu entscheiden und haben im wahrsten Sinne des Wortes ein Dilemma wie beispielsweise folgendes: *Soll ich den Arbeitgeber wechseln oder mich selbständig machen?* Dann mag es auf den ersten Blick genau zwei Antwortmöglichkeiten geben, nämlich entweder A (Wechsel) oder B (Selbständigkeit). Das Tetralemma zielt nach H. v. Foerster's Motto „*Handle stets so, dass die Anzahl der Möglichkeiten wächst*" darauf ab, die Wahlmöglichkeiten auf weitere Optionen zu erhöhen:

- » Das Eine (Variante A),
- » Das Andere (Variante B),
- » Beides (Variante A und B),
- » Keines von Beiden (weder A noch B), woraus eine neue Option entstehen kann.

Tetralemma – praktisch angewandt in 3 Schritten:

1. Nehmen Sie vier Bögen Papier und notieren Sie als Überschrift jeweils eine der angegebenen Optionen.
2. Legen Sie die vier Papierbögen auf die vier Ecken des Tisches oder in die Ecken des Zimmers. Diese Vorgehensweise zwingt Sie dazu, sich entlang des Entscheidungsbrainstormings zu bewegen und bewusst andere Positionen einzunehmen.
3. Notieren Sie sich jeweils Ihre Gedanken an den vier Positionen. Sie werden erstaunt sein, welche Alternativen es zu Ihrem Dilemma geben kann. Lassen Sie sich Zeit!

Aus o.g. Fragestellung könnte ein *Beides* (A und B) die Reduktion der Stunden beim Arbeitgeber und der parallele Aufbau der Selbstständigkeit ergeben. *Keines von Beidem* (weder A noch B) könnte die Suche nach einer anderen Tätigkeit beim bestehenden Arbeitgeber sein.

5.2.3.4 Verantwortung für Menschen in der Organisation

Als Führungskraft übernehmen Sie im Besonderen Verantwortung für die Menschen im Unternehmen. Sie zeigen mit Ihren Aktivitäten jederzeit, in welchem Maße Sie Verantwortung übernehmen. Nach Laotse heißt es: *„Verantwortlich ist man nicht nur für das, was man tut, sondern auch für das, was man nicht tut."*

Der passende (statt beste) Mitarbeiter

„Jeder Topf findet seinen Deckel." – Ein altes Sprichwort, das treffender nicht sein kann, wenn es um Mitarbeiter und Führungskräfte geht. Diese Lebensweisheit erfährt eine kritische Dimension, wenn wir sie hinter der Diskussion des sogenannten *war of talent* beleuchten. Jedes Unternehmen will hervorragende Mitarbeiter gewinnen und Personalverantwortliche wissen wahre Hymnen zu singen, wenn es

um die Herausforderung geht, die Besten am Markt zu finden. Dabei gilt: Nicht jedes Talent passt zum Unternehmen und nicht jedes Talent hält das, was es verspricht.

Die Frage zur **Passgenauigkeit** muss stringent lauten: *Wer oder was passt zu uns und wer oder was passt nicht zu uns?* Wenn wir das Unternehmen als lebendigen Organismus betrachten, bieten sich Analogien aus der Fauna an: So bringt ein Hecht im Karpfenteich eher Unruhe, Hektik und Bewegung unter die Karpfen. Üblicherweise wird er in der Fischerei gezielt dafür eingesetzt, ältere Karpfen zu bewegen, damit sie Muskelfleisch entwickeln. Gilt hingegen jemanden als aalglatt, wird Cleverness unterstellt. Kaum Ecken und Kanten zeigend beweist sich diese Person gut in Verhandlungen und lässt sich von unvorhergesehenen Situationen kaum überraschen. Möglicherweise aber passen eher emsige Bienen mit Adleraugen zu Ihnen?

Führungskräfte neigen dazu, die Frage nach dem passenden Mitarbeiter mit dem Bauchgefühl, das sie liebevoll Menschenkenntnis nennen, zu beantworten. Das hat auch einige Vorteile. – Denn letztlich soll die Chemie stimmen. Ergänzend dazu nähern sich Führungskräfte mit einem mehr oder weniger standardisierten Fragebogen dem potenziellen Mitarbeiter. Der Haken daran: Standardisierte Fragen liefern standardisierte Antworten. Auf die in abgewandelter Form inflationär gestellte Frage *„Sind Sie teamfähig?"* erhalten Sie – eh klar – mit einer 100%igen Trefferquote die Antwort: *„Ja, natürlich."* Gerne ergänzt mit: *„Ich kann aber auch gut alleine Aufgaben erledigen."* Hier wird signalisiert, dass der Bewerber mehr als *nur* teamfähig, sondern auch eigenständig ist. Sollten Sie nachhaken und wissen wollen, woran Sie die Teamfähigkeit erkennen können, erhalten Sie plattitüdenhafte Antworten wie: *„Ich unterstütze andere bei ihren Aufgaben, zeige mich hilfsbereit ..."* – Stopp! – Wer sich als teamfähig beschreibt, bringt vorab eine positive und konstruktive Einstellung zur gemeinsamen Arbeit mit, ist geistig beweglich, neugierig und verfügt über eine hohe Frustrationstoleranz sowie Lernfähigkeit bzw. Lernbereitschaft. Individuelle Teamfähigkeit bedeutet zudem, dass folgende Fähigkeiten vorhanden sind: Kooperationsvermögen, Konsensfähigkeit, Kommunikationsfähigkeit, Kritikfähigkeit. Genau das müssen Sie herausfinden, wenn Sie die vorhandene Teamfähigkeit über den Standard hinaus kennenlernen wollen.

Die Frage der Passgenauigkeit ist nach dem Topf-Deckel-Prinzip weit mehr als eine Frage der Kompetenz und Erfahrung. Die

Persönlichkeit und der Charakter sind genauso relevant wie unternehmenskulturelle Besonderheiten, Branchengegebenheiten, Teamsituationen, Spannungen zwischen Tradition und Innovation u.v.a.m.

Der Platz im Unternehmen

Gehen wir davon aus, dass Sie einen passenden Mitarbeiter in Ihr Boot geholt haben. Der neue Mitarbeiter entdeckt ab dem ersten Tag das Unternehmen von innen. Er bringt eine gewisse Anfangseuphorie und Erwartungshaltung mit. Ihr Fokus in Führung muss nun (und fortan) darauf gerichtet sein, den Neuen entlang seiner Entdeckungsreise zu unterstützen. Es ist Ihre Aufgabe, den Neuen mit der Organisation über die ihm zugeschriebene Rolle zu verbinden.

Geklärt werden muss die Frage, *was wir uns im Team voneinander erwarten können*. Das gilt ganz generell und im Besonderen bei Neuzugängen: Erwartungen werden in Rollen abgebildet, die für sich nicht in Stein gemeißelt und somit veränderlich sind. Welche Erwartungen innerhalb eines Teams angemessen und relevant sind, erfordert konstante Beobachtung. Vor allem aber laufende Anpassung. Die Rolle eines Mitarbeiters erfüllt keinen Selbstzweck. Sie erfüllt die bedeutsame Aufgabe, die Komplexität innerhalb der Organisation zu reduzieren. Sie gibt Antwort auf ein erwartetes Verhalten und macht den Rollenträger für die Umwelt einschätzbar. Genau hier liegt die Herausforderung, wenn es darum geht, Menschen mit der Organisation zusammenzuführen.

Was können Sie und Ihr Team sich von- und füreinander erwarten? Welche Rolle spielt jeder Einzelne beim Zusammenarbeiten? Der gezielte Blick auf die Aufgaben, Kompetenzen und Verantwortlichkeiten unterstützt Sie beim Finden der Antworten:

» Welches sind die Aufgaben des Mitarbeiters? Was ist der Sinn und Zweck davon?
» Welches sind die Kompetenzen des Mitarbeiters? In welchem Wirkungsfeld agiert er? Was liegt in seiner Kontrolle?
» Wofür ist der Mitarbeiter verantwortlich? Welche Befugnisse braucht er, um diese Verantwortung ausfüllen zu können?

Über die Rollenklarheit wird der Platz im Unternehmen zugewiesen. Das gilt auch für Sie in Ihrer Führungsrolle. Schwenken wir deshalb zu Ihrem Platz im Unternehmen. *Was würde passieren, wenn Ihre Führungsrolle unklar formuliert ist? Was würde also passieren,* wenn Sie Ihren Platz im Unternehmen nicht eindeutig einnehmen? Aus einer anderen Perspektive bedeutet das: *Wissen Ihre Mitarbeiter, was sie von Ihnen erwarten dürfen? Worauf können Mitarbeiter vertrauen und bauen? Woran sollen sich Mitarbeiter orientieren? Inwieweit können sich Mitarbeiter Ihnen (jenseits eines Organigramms) zugehörig fühlen?*

Dazu eine kurze Metapher: *Was würden Sie als Erstes tun, wenn Ihr Küchenradio nicht funktioniert?* Genau – Sie kontrollieren, ob das Kabel in der Steckdose richtig angesteckt ist. Diese Verbindung ist essenziell. Erst sie ermöglicht es, dass das Radio funktionstüchtig ist. Führung ist im Grunde nichts anderes als die Verbindung zwischen dem Team (Radio) und der Organisation als übergeordnetes System (Stromversorgung). Das Radio funktioniert dann rausch- und störungsfrei, wenn die Einstellungen aufeinander abgestimmt sind.

Fassen wir zusammen: Dort, wo ein (reflektiertes) Rollenverständnis von Führung fehlt, dort tun sich wegen einer gewissen Orientierungslosigkeit Unruhe und Irritation in den Mitarbeiterreihen auf. Mitarbeiter können solange ihren Platz im Unternehmen nicht finden, solange Führung ihren Platz nicht einnimmt und folglich nicht führt. Über zugewiesene Rollen stimmen Sie in Führung das Gefüge aufeinander ab und schaffen so für jeden einen Platz in der Organisation. Es gibt hierbei keine wichtigeren und unwichtigeren Rollen. Jede Rolle ist *gleich wertig*, solange sie einen bedarfsorientierten Bezug zum größeren Ganzen einnimmt, also solange sie am Radio eine Funktion hat.

Demotivation vermeiden und Menschen befähigen

Im Zielportfolio jeder Führungskraft liegt die erfolgreiche Entwicklung des Unternehmens. Der handlungsleitende Grundsatz lautet: *„Bewegen statt stillstehen."* Im Kern erreichen Sie das, indem Sie Entscheidungen treffen und für die Umsetzung sorgen. Also Mitarbeiter dazu bewegen, dass sie getroffene Entscheidungen mittragen und den Weg des Unternehmens mitgehen und mitgestalten.

Der Indikator für die Erreichung Ihrer Ziele spiegelt sich in den gemeinsam mit Ihren Mitarbeitern erreichten Ergebnissen wider. Über Ergebnisse erkennen sowohl Sie als auch Ihre Mitarbeiter, ob und zu welchem Anteil die vereinbarten Leistungsziele erreicht wurden. Als Führungskraft besitzen Sie natürlich das Recht, Vereinbarungen zu treffen und Leistung auf Basis der Ziele zu verlangen. Sie haben außerdem die Pflicht, Abweichungen oder

Nichteinhaltung von Vereinbarungen offen anzusprechen und gegebenenfalls Konsequenzen zu ziehen. Vor allem aber liegt es in Ihrer Verantwortung, es dem Mitarbeiter zu ermöglichen, die gewünschte Leistung zu erbringen.

Leistung können wir uns (modellhaft) als rechnerisches Produkt mit folgenden Einflussfaktoren vorstellen:

» Fähigkeit, etwas leisten zu **können**.
» Bereitschaft, etwas leisten zu **wollen**.
» Möglichkeit, etwas leisten zu **dürfen**.

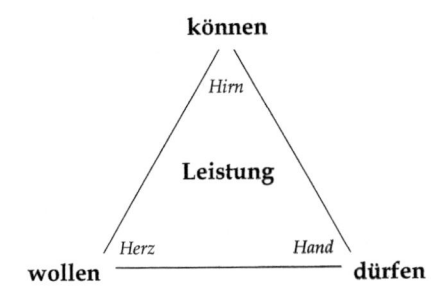

```
            können
            / \
           /Hirn\
          /      \
         / Leistung\
        /           \
       / Herz   Hand \
  wollen ―――――――――― dürfen
```

$$L = k * w * d$$

(mit L = Leistung, k = können, w = wollen, d = dürfen)

Im Idealfall ergibt sich gemäß dieser *Formel* die Leistung L = 1 als Produkt von können, wollen und dürfen (L = 1 = 1 * 1 * 1).

Das Produkt aus der Leistungsfähigkeit, der Leistungsbereitschaft und der Leistungsmöglichkeit ist beispielsweise bei einem Spitzenverkäufer idealtypisch erfüllt. Wird der gute Verkäufer zum Verkaufsleiter befördert, könnte sich die Leistung ändern: Durch die Beförderung darf er führen. Er will es auch, sonst hätte er ablehnen können. Bleibt die Frage offen, ob seine Führungskompetenzen ausreichend entwickelt sind oder ob er erst in die Führungsrolle hineinwachsen muss. Schwächen in der neuen Rolle beeinflussen die Variable *können* und damit die gesamte Leistung. Beispielhaft könnte sich so ergeben: L = 0,7 = 0,7 * 1 * 1. Wurde ihm die Leitungsfunktion aus irgendwelchen Gründen aufgezwungen, könnte sich – frei fantasiert – folgendes Bild für die Gesamtperformance ergeben: L = 0,63 = 0,7 * 0,9 * 1

Leistung und Motivation stehen in enger Verbindung zueinander. Motivation ganz allgemein ist die Kraft, *etwas* zu wollen. Alle Menschen wollen etwas schaffen, gestalten, ausprobieren, leisten und sind – wenngleich in unterschiedlichem Maße und abhängig von Werten, Interessen, Einstellungen oder Bedürfnissen – motiviert. Spezifische Motivation nimmt genauen Bezug auf etwas und prägt das Verhalten der Person. Das Verhalten lässt Rückschlüsse auf das zugrundeliegende Motiv zu, den Beweggrund also, aus welchem heraus jemand etwas tut.

Menschen verhalten sich grundsätzlich so, dass ihr Selbstkonzept erhalten bleibt und/oder gestärkt wird. Wenn Tätigkeiten darüber hinaus als persönlichkeitsfördernd erlebt werden, bewirken diese eine starke Eigenmotivation. Sinn und Freude an der Tätigkeit beleben die Selbstmotivation, da sich das Tun in sich selbst belohnt. Was nun ein Mensch als sinnvoll erachtet, ist nicht allgemeingültig, sondern individuell. Was für Sie in Führung Sinn ergibt, muss noch lange nicht den Sinn Ihrer Mitarbeiter treffen. Unterm Strich bleibt: Die individuelle Sinn-Zuschreibung erzeugt Orientierung und Handlungsenergie.

Motivation wird demnach zu einem guten Teil von jedem Individuum selbst beeinflusst. Verstärkende oder die Motivation schwächende Wirkung ergeben sich darüber hinaus aus dem jeweiligen Umfeld. Im Kontext Arbeit sind folgende maßgeblich beeinflussende Faktoren relevant: Chef, Unternehmenspolitik, Arbeitsklima, Beziehung im Team, Anreize.

Sie als Führungskraft besitzen als zentrales Bindeglied zwischen den Mitarbeitern und dem Unternehmen gestalterische Handlungsräume. Das bedeutet definitiv nicht, dass Sie die Rolle des *Chef-Motivators* im Unternehmen einnehmen. Viel eher sei an Ihre Achtsamkeit appelliert, motivationsfördernde Elemente entlang Ihres Gestaltungsspektrums zu integrieren. Sie besitzen tatsächlich die Macht, jenen Rahmen zu gestalten, der individuelles Können als Ausdruck der Leistungsfähigkeit sowie personenbezogenes Dürfen als Synonym für die Leistungsmöglichkeit der einzelnen Mitarbeiter berücksichtigt und fördert. Wenn Sie darüber hinaus Mitarbeitern nicht demotivierend begegnen, steht der Leistungsbereitschaft, also dem Wollen, kaum noch was im Weg.

Leistungsfähigkeit: Um die Fähigkeiten von Mitarbeitern herauszufordern, braucht es allem voran Ihr Vertrauen und Zutrauen in das Können des Mitarbeiters. J.W. Goethes Zauberlehrling demonstrierte es anschaulich, denn *die Geister, die er rief, wurde er nicht los*. Halten Sie also Ihr Zutrauen eher niedrig, wird das erwartungskonform niedrige Ergebnisse einbringen. Wenn Sie jemanden selbstverantwortliches Arbeiten nicht zutrauen, werden Sie immer wieder in dieser Annahme bestätigt sein. Trauen Sie hingegen jemanden ehrlich zu, einer Aufgabe gewachsen zu sein, werden Sie kaum enttäuscht werden.

Führen, verstanden als Balance zwischen Fordern und Fördern, zeigt sich in der Anpassung von Aufgaben und Fähigkeiten. Diese Passung ist als *Flow* bekannt: Mitarbeiter fühlen sich überfordert, wenn die Anforderungen zu hochgesteckt werden. Angst entsteht. Unterforderten Mitarbeitern wird andersrum die Möglichkeit genommen, aus der Komfortzone herauszutreten. Es bleibt ihnen die Chance verwehrt, über sich selbst hinauszuwachsen und sich selbst zu entwickeln. Als Folge des Ungleichgewichts der (hohen) Fähigkeiten und (niederen) Anforderung zeigt sich Langeweile. Die Balance liegt resultierend daraus in der *gesunden Herausforderung*. Der sogenannte *Flow* entsteht, wenn sowohl Anforderung als auch Fähigkeiten leicht über dem Durchschnitt einer Person liegen.

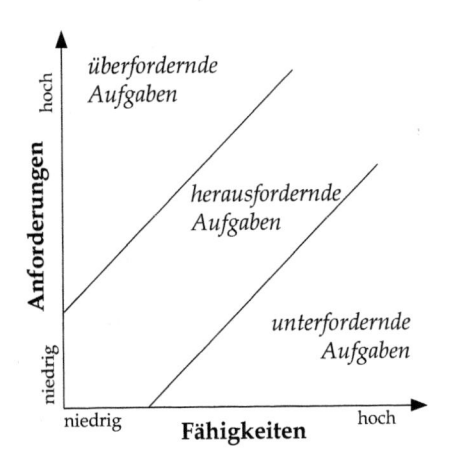

Es kann nicht oft genug erwähnt werden: Gute Führungskräfte erkennen die Potenziale des Einzelnen und sorgen dafür, dass individuelle Stärken genutzt werden, anstatt Schwächen gezielt schwächer zu machen. Sie übertragen Mitarbeitern Aufgaben, die ihnen Spaß machen, in denen sie gut sind und auch gefordert werden. Diese Führungskräfte setzen sich ernsthaft mit den Stärken der Mitarbeiter auseinander und haben vor allem ihre Wahrnehmung im Griff. Denn Menschen im Allgemeinen neigen dazu, Schwächen zu identifizieren und Defizite hochzuspielen, anstatt sich auf die Vorzüge und Besonderheiten zu konzentrieren. Mitarbeiter, die Sie stärkenorientiert am richtigen Platz einsetzen und denen Sie auf das jeweilige Niveau abgestimmt fordernde Aufgaben übertragen, werden ihr Bestes bringen. Auf erfreuliche Weise erhöht sich wie von selbst auch die Eigenmotivation dieser Mitarbeiter.

Erfolgsperspektiven für den einzelnen schaffen heißt Lernräume für die Weiterentwicklung der persönlichen Fähigkeiten ermöglichen. Lernen forciert Entwicklung mit gesunden Nebenwirkungen: Steigern wir unsere Fähigkeiten, erhöhen wir sowohl unseren Selbstwert als auch unser Selbstvertrauen. Feedback zum Gelingen treibt uns wiederum an, weiter zu machen, womit wir eine Spirale der positiven Motivation erzeugen und Flow-Erlebnisse begünstigen. Ihr Zutrauen in die Fähigkeiten von Mitarbeitern ist also gut investiert.

Leistungsbereitschaft: Betrachten Sie Ihr persönliches Wollen: *Was motiviert Sie, eine Führungskraft zu sein? Sind Sie immer gleich motiviert? Wovon hängt es ab, dass Sie mal mehr und mal weniger motiviert sind?* Angenommen, Ihre Motivation lässt ein bisschen nach. *Wer könnte Sie dazu bewegen, Ihre Eigenmotivation wieder zu erhöhen? Wem also verleihen Sie die Macht, Ihre (De-)Motivation zu beeinflussen? – Ihrem Chef, Ihrem Mitarbeiter, Ihren Vertrauenspersonen ...? Oder einfach nur sich selbst?*

Ziehen Sie einen simplen Vergleich zu einer längst vergangenen Prüfungssituation entlang Ihrer Ausbildung. Wer hat Sie motiviert zu lernen? Ihre Eltern haben sicher einen Beitrag geleistet, damit Sie das eine oder andere Tal der Lernflaute überwinden. Spätestens nach Verlassen der elterlichen Obhut aber hatten Sie es selbst in der Hand, einen erfolgreichen Abschluss zu bekommen oder Zusatzqualifikationen zu erwerben. Alleine Ihr persönlicher Beweggrund beantwortete die Frage, warum Sie die Ausbildungen absolviert haben. Die Motivation für das Durchhalten und Weitermachen entstammt Ihrer Freude am Lernen selbst oder der Freude am Ergebnis des Lernens. So oder so – die Anstrengungen gaben Ihrem Selbstkonzept Sinn.

Wollen Sie Ihre Mitarbeiter motivieren, dann müssen Sie den inneren Beweggrund einer anderen Person erschaffen oder ansprechen. Diesen zu (er-)kennen ist herausfordernd, weil er einen Blick in die *Black-Box* des Mitarbeiters erfordert. Haben Sie es beispielsweise je geschafft, einen Couchpotato zu einer Bergtour mit grenzenloser Aussicht oder einen passionierten Raucher von der Idee eines rauchfreien Lebens zu überzeugen? – Alle Euphorie in Ehren. Solange der innere Beweggrund des Gegenübers nicht angesprochen wird, verpufft alle Energie der Motivation von außen.

Auch Bonus- oder Belohnungssysteme entpuppen sich bei genauer Betrachtung als verpuffende Motivation von außen. Sie bewirken langfristig keine gesteigerte Motivation. Vorausgesetzt, dass die richtige Belohnung in der richtigen Höhe zum richtigen Zeitpunkt zum richtigen Mitarbeiter fließt, nimmt die Freude über die Sonderzahlung rasch ab. Erreicht werden damit jedoch Erwartungen des Einzelnen, in einer künftigen vergleichbaren Situation wieder extra belohnt zu werden. Erreicht wird auch, dass der Sinn aller Anstrengungen nicht in der Aufgabe, sondern in der Belohnung liegt. Verhaltenspsychologisch betrachtet setzt ein Gewohnheitsmechanismus ein, der an ein immer höheres Reizniveau gekoppelt ist. Überspitzt formuliert: Ohne (gewohnte) Zusatzreize reduziert sich die Leistungsbereitschaft. Warum auch sollte jemand für weniger mehr (oder zumindest das gleiche) leisten? Oder weitere neue Ideen einbringen? Speziell Kreativität lässt sich nicht mit Geld erzwingen. Außerdem wissen Sie: Die besten Ideen entstehen beim Duschen. – Gehen Sie deshalb drei Stunden duschen, um eine Idee zu haben?

Mitarbeiter wirken weniger motiviert, wenn sie sich überfordert, ausgenutzt bzw. benachteiligt fühlen. Oder, wenn sie sich fragen, wie sie vor der Kulisse einer konfliktären Unternehmenskultur gute Arbeit erbringen können. Monetäre Extra-Zuwendungen können ein kulturelles Defizit genauso wenig ausgleichen, wie den Frust über monotone, einengende, überfordernde Aufgaben.

Wollen Sie trotzdem auf Geld als Motivationsausgleich zur erbrachten Leistung setzen, empfiehlt sich folgendes Grundgesetz: *Bezahle Mitarbeiter gut und fair und tue alles, damit sie das Geld vergessen.* Dieser Ansatz bedingt, dass Sie Personen angemessen und passend, nicht aber die Stelle, die Position oder den Rang bezahlen. Entscheidend für das faire Gehalt bleibt die Kombination aus dem Marktwert und dem Wert der Rolle des Mitarbeiters im Unternehmen. Einflussfaktoren wie Seniorität, Ausbildung, Erfahrung, Leistungsfähigkeit untermauern die Rolle im Unternehmen. Gleichmacherei (speziell beim Gehaltsthema) ist unfair. Diese Differenziertheit fordert von Führung ein hohes Bewusstsein für Verantwortung und Transparenz. Sie muss die Marktwerte von Mitarbeitern kennen und außerdem konsequent einfordern, dass Mitarbeiter für mehr Gehalt ein höheres Maß an Verantwortung übernehmen.

Auf der Suche nach weiteren Möglichkeiten, auf die Leistungsbereitschaft anderer positiv zu wirken, stoßen wir rasch auf Sie als Führungskraft. Sie in Führung bilden den unmittelbarsten Einflussfaktor auf die Situation und können durch Ihr Verhalten den Mitarbeiter motivieren oder demotivieren. Genau deshalb müssen alle Anstrengungen unternommen werden, um dem Mitarbeiter nicht zu demotivieren. Ein kurzer Blick auf nachfolgende Fragen könnte Ihnen in Bezug auf Ihr (de-)motivierendes Verhalten Antworten geben:

(De-)motivierendes Verhalten

» *Wissen Sie als Chef immer alles besser?*
» *Wie treffen Sie Entscheidungen? Einsam oder auch gemeinsam?*
» *Behandeln Sie Ihre Mitarbeiter wie Luft, (non)verbal abschätzend oder versuchen Sie eine wertschätzende Beziehung aufzubauen?*
» *Was trauen Sie Ihren Mitarbeitern tatsächlich zu?*
» *Basiert Ihre Zusammenarbeit auf Vertrauen oder auf Kontrolle?*
» *Wie üben Sie Kritik? Verletzend ehrlich oder bleiben Sie sachlich korrekt und menschlich respektvoll?*
» *Wie und wann teilen Sie Informationen?*
» *Wie häufig wechseln Sie Ihre Meinung?*

Je nachdem, wie Ihre Antworten ausfallen, wirkt Ihr Verhalten mal mehr, mal weniger (de-)motivierend und förderlich auf die Leistungsbereitschaft der Mitarbeiter.

Leistungsmöglichkeit: Wem oder was nützt es, wenn Sie hervorragende Mitarbeiter haben, diese jedoch mit unzulänglichen oder ungenügenden Ressourcen ausstatten? Beispielsweise, weil Sie notorisch unterbesetzt sind und Ihre Mitarbeiter für zwei schuften müssen. Oder, weil Ihre Mitarbeiter mit einem museumsreifen Computer spaßbremsend arbeiten? Ganz zu schweigen von den Bleistiften und Kugelschreibern, für die mancherorts so viele bürokratische Hürden zu überwinden sind, dass Einzelne private Schreibutensilien mitbringen. Wem oder was nutzt es, den besten Mitarbeitern Kompetenzen und Verantwortungen vorzuenthalten, weil letztlich nur der Chef entscheidet?

Je nach Organisation bewegen sich Kommunikations-, Informations-, Entscheidungs- oder Karrierewege entlang der Bandbreite von *strikt vorgegeben* und *Zufälligkeitsprinzip*. Betriebliche Strukturen bieten Mitarbeitern Orientierung in dem Maße als sie nützliche Prozesse abbilden, Abläufe sinnvoll vereinfachen und transparent machen. Alles darüber hinaus könnte mit Bürokratie verwechselt werden und wird eher als einschränkend denn motivierend wahrgenommen. Wenn es um organisationale Strukturen geht, kommt Führung die gestalterische Aufgabe zu, dem Denk- und Handlungsraum der Mitarbeiter genügend individuellen Spielraum zu geben. Ob es die optimale Struktur gibt, sei dahingestellt. Jedenfalls sind Strukturen solange optimal, solange sie unterstützend wirken.

Wenn wir Leistungsmöglichkeiten betrachten, lohnt ein Blick auf die innere Einstellung aller Menschen in der Organisation: *Fühlen wir uns zuständig für Aufgaben oder nicht? Übernehmen wir die Verantwortung für unser Tun oder geben wir sie gerne ab und überlassen sie anderen? Jammern und leiden wir auf hohem Niveau oder handeln wir?* Wie nun die zur Verfügung gestellten Möglichkeiten genutzt werden und was Menschen tun oder eben nicht, liegt in der persönlichen Verantwortung jedes Beteiligten. Menschen handeln dann, wenn sie sich für die Auswirkungen ihres Tuns verantwortlich fühlen. Verwerfen Sie die Annahme, dass Aufgaben bloß aus Pflichtgefühl gegenüber Vorgesetzten, Mitarbeitern oder Partnern erledigt werden. Die Energie fürs Tun verdanken Sie ausschließlich der individuell gelebten Selbstverantwortung. Diese beruht auf freiwilligem, initiativem, engagiertem, kreativem und schöpferischem Handeln. Sie in Führung sind aufgefordert, diese Erkenntnis aktiv zu nutzen! Legen Sie den gestalterischen Rahmen so an, dass Sie Ihre Mitarbeiter zu Selbstverantwortung und Eigeninitiative ermutigen!

Ihre Führungsrolle beinhaltet Aufgaben, die zu 100 % in Ihrem Verantwortungsbereich liegen und solche, die sie delegieren können. Mit der Delegation von Aufgaben übertragen Sie zunächst die Aufgabe, nicht aber die Kompetenz und die Verantwortung. Ab der Übertragung der Aufgabe ist es jedoch Ihre Pflicht, den Mitarbeiter in seinen Kompetenzen zu stärken, sowie Mut und Selbstvertrauen zu fördern. Und vor allem liegt es an Ihnen, Mitarbeitern die Verantwortung zu geben und Mitarbeitern in ihrer Verantwortung zu lassen. Anerkennen Sie, dass der Mitarbeiter an der Aufgabe wächst.

Delegieren bedeutet, Rückdelegation zu verweigern und keinesfalls etwas zu tun, was der Mitarbeiter nicht auch selbst tun könnte. Tun Sie es doch, nehmen Sie den Mitarbeiter wieder aus der Verantwortung. Treten Sie ruhig einen Schritt zurück! Schaffen Sie einen vertrauensvollen Raum des Erfahrungsaustausches und laden Sie regelmäßig zu Gesprächen ein, in denen Sie herausfinden, was der Mitarbeiter braucht. Mit lösungsfokussierten Fragen können Sie Denkprozesse in Gang bringen und den Blick auf weitere Möglichkeiten lenken.

6 Organisationen führen

> *Wenn wir uns ein Unternehmen als lebendiges Wesen vorstellen,*
> *haben wir bereits den ersten Schritt getan,*
> *um seine Lebenserwartung zu erhöhen.*
> *(A. de Geus)*

Vereinfacht betrachtet ist das **Unternehmen eine wirtschaftlich selbständige Organisationseinheit** zur Erfüllung von Aufgaben, die nur zusammen bewältigt werden können. Die Kernaufgabe für Führung liegt darin, das Überleben durch die rentabilitätsbezogene Stabilisierung und Erweiterung des Bestands zu sichern. Dem Kunden kommt hier eine besondere Bedeutung zu. Ist es doch er, der ein Problem hat, das er gelöst haben will. Dieses zu erkennen und eine Lösung für den Kunden anzubieten, ist Ihr Auftrag. Das fassbare Problem des Kunden generiert mit Ihren Produkten und Dienstleistungen Nutzen für den Kunden und schafft Wert für Ihr Unternehmen. Über die Befriedigung des Kundenbedürfnisses hinaus schaffen Sie Wert auch über die Anzahl und Qualität der Beziehungen zu den internen und externen Interessensgruppen eines Unternehmens, wie: Gesellschaft, Kunden, Lieferanten, Partner, strategische Netzwerke, Mitbewerber, Mitarbeiter, Eigentümer.

Ein **Unternehmen als System** ist ein Ganzes, das Teil eines Ganzen ist und aus verschiedenen Subsystemen besteht, die für sich jeweils wieder ein Ganzes bilden. Nahezu unmöglich ist es, die absolute Wahrheit über das System zu erlangen. Wenn wir das Unternehmen als System betrachten, lenken wir den Blick auf das Unternehmen samt der mit ihm verbundenen Einflüsse.

Das Ganze steht beim Betrachten nicht eindeutig fest, sondern wird immer wieder neu durch die verschiedenen von Interessen geleiteten Sichtweisen definiert. So betrachtet kommt den oben angesprochenen Beziehungen zu den Interessensgruppen samt den (unterschiedlichen) Erwartungen besondere Bedeutung zu. Denn sie sind es, die die internen und externen Umwelten durch die Art, wie sie zueinander in Verbindung stehen, permanent beeinflussen und das Unternehmen laufend von selbst verändern.

Zusätzlich zu den Beziehungen und Verbindungen ist relevant, dass der bedarfsorientierte, funktionale Bezug des Subsystems zum übergeordneten System besteht. So wird die eindeutige Zugehörigkeit im Ordnungsgefüge geklärt. Durch eine ökonomische Brille betrachtet halten wir praktisch nichts anderes fest als: Die Existenz des Unternehmens (oder einer Abteilung, eines Mitarbeiters) leitet sich losgelöst von Personen über die Aufgabe samt Sinn und Zweck ab. Da wundert es, dass Mitarbeiter ab und an in gewisse *Ämter* gehoben oder *weitergelobt* werden, die eher einem Versorgungsposten oder einer Arbeitsbeschaffung ähneln, als im Unternehmen einen inhaltlichen Bedarf abdecken. Die vermutlich gute (als soziale Verantwortung getarnte) Absicht, die hinter solch Funktionsbeschaffungen stehen mag, blockiert jedoch empfindlich die Organisation und raubt Energie. Nicht zuletzt auch dadurch, dass die einzelnen Personen selbst mangels Zugehörigkeit geschwächt werden.

6.1 Organisation beeinflusst Führung

Organisationen bieten das Spielfeld für Führung. Dieses Spielfeld ist selten ein brachliegendes Feld, auf dem Sie tun und lassen können, was Sie wollen. Je nach Strukturen, Branche, Alter … der Organisation sind bestimmte Gegebenheiten bereits vorgegeben und beeinflussen damit Sie in Führung. Die Einflussfaktoren der Organisation lassen sich grob zusammenfassen in:

» Funktion und Position
» Kultur
» Struktur

```
              Position
              Funktion
               / \
             /Hirn\
            /      \
           /        \
          / Organisation \
         /  beeinflusst   \
        /    Führung       \
       / Herz        Hand   \
    Kultur ─────────────── Struktur
```

6.1.1 Funktion oder Position

Führung hängt von der Funktion oder Position innerhalb der Organisation ab. Die Funktion selbst ist eng mit der Aufgabe, der Kompetenz und dem Verantwortungsbereich verbunden: Während sich das Top Management eher darauf konzentriert, die Antennen für Veränderungen im Unternehmen und seinem Umfeld empfangsbereit zu halten sowie Entwicklungen vorzubereiten, versucht das Sandwichmanagement, die Verbindung zwischen den Hierarchien zu gewährleisten, Entscheidungen weiterzutragen und Informationen sowohl vertikal als auch horizontal zu transportieren. Die operative Führung ist direkt beim Mitarbeiter wirksam und sichert das Zusammenspiel von Aufgaben, Menschen und Organisationen.

6.1.2 Kultur

Keine Organisation ist wie eine andere: Jede Organisation hat ihre eigene Identität. Formulierte Unternehmenswerte samt Vision, Missionstatement und Unternehmensstrategie formen die Identität und bilden die Basis für die vorherrschende Unternehmenskultur. Zusätzlich gestalten die unausgesprochenen, geheimen Spielregeln die kulturellen Besonderheiten mit. Denn die Einmaligkeit der Kultur entwickelt sich aus den überlieferten oder erlebten Geschichten und Erfahrungen der Mitarbeiter wie von selbst und erklärt, *wie es hier eben so läuft*. Sie lässt sich nicht erzwingen, sondern ausschließlich im täglichen Leben durch aufmerksames Beobachten erlernen. Ob nun die etablierte, von Werten geleitete Kultur kultiviert erscheint oder zu wünschen übrig lässt: Führung ist integrativer Teil der kulturellen Grundüberzeugungen, welche eher behäbig als flexibel und rasch anpassbar sind.

6.1.3 Struktur

Um das Ganze beherrschbar zu machen, bedienen wir uns im Unternehmen unterschiedlicher Strukturen oder Ordnungsprinzipien, die in der Aufbau- und Ablauforganisation sichtbar werden. Erwähnenswert ist, dass neben den formellen Strukturen weitere

Formen von Strukturen existieren, die das Miteinander in der Organisation beeinflussen.

Formelle Strukturen finden sich in eher bürokratisch angehauchten Hilfsmitteln wie im Organigramm, in Ablauf- und Prozessbeschreibungen bis hin zur Stellenbeschreibung. Formale Strukturen dienen in erster Linie der Sicherung von Compliance-Themen. Werden sie – wie man häufig beobachten kann – als internes hierarchisches Machtinstrument verwendet, wirken formale Strukturen reduktionistisch: Sie reduzieren gemeinschaftliche Mitverantwortung.

Parallel zu den formellen Strukturen tun sich praxisbezogene Struktur-Entwicklungen auf: Damit wir unsere Arbeit erledigen können, suchen wir Lösungen, um formale Strukturen zu umgehen. Die sogenannte tatsächliche oder **informelle Struktur** regelt, wer welche Entscheidungen trifft oder wer für welche Projekte letztlich verantwortlich ist. Geformt wird die tatsächliche Struktur durch persönliche Beziehungen oder politische Schachzüge als etwas, *was ist*.

Wen kenne ich? Wer mag mich? Wer hat einen ähnlichen Hintergrund wie ich? Fragen dieser Art sind relevant, um informelle Struktur zu erfassen. Der Wert dieser Struktur liegt in ihrem Einfluss und ist für sich betrachtet als soziales Netzwerk hoch komplex. Da das tatsächliche Zusammenarbeiten die kulturellen Bedingungen, an denen wir uns orientieren, formt, unterstützt die informelle Struktur im besten Fall Zugehörigkeit, Identität, effektives Handeln und Lösungsorientierung. Grob fahrlässig wäre es demnach, informelle Strukturen hinsichtlich ihrer Bedeutung zugunsten der formalen Strukturen zu ignorieren.

Eine dritte mögliche Struktur beschreibt jene, die für Aufgaben und Sinn der Organisation am angemessensten wäre. Als **Struktur, die meint, was sein könnte**, besagt sie, was in irgendeiner Art und Weise besser wäre. Damit steht sie natürlich im Spannungsfeld mit dem, was ist.

6.1.4 Passung von Funktion, Position, Kultur, Struktur

Wenn nun die Organisation Führung über die Funktion bzw. Position, Kultur und Struktur beeinflusst, bedeutet dies nichts anderes, als dass weite Teile Ihres Führungshandelns nicht direkt in

Ihrer Gestaltungshoheit liegen, weil sie vorgegeben sind. Dies lässt folgenden Schluss zu: So hervorragend Sie zum einen Unternehmen passen, so unpassend kann sich die Situation in einem anderen Unternehmen zeigen. Sie in Führung sind Teil des Systems, dessen Spielregeln erkannt und anerkannt werden müssen, um sich darin erfolgreich zu bewegen.

Diese Überlegung zeigt – allgemeiner betrachtet – außerdem auf, dass es die *richtige* wertschätzende Führungskraft nicht geben kann, sehr wohl aber die *passende*. Jegliche Annäherung dorthin ergibt sich als Produkt Ihrer individuellen Führungstalente mit Umgebungsparametern, wie beispielsweise: tatsächliche Führungsaufgabe, kulturelles Führungsverständnis im Unternehmen, Unternehmenskultur, Mitarbeiter. Die *beste* Führungskraft kann scheitern, wenn die *Passungen* nicht stimmen.

6.2 Führung beeinflusst Organisation

Organisationen bieten das Spielfeld für Führung. Dieses Spielfeld bildet den strukturellen Rahmen und will bespielt werden. Führung kommt die Aufgabe zu, dieses Feld aktiv zu gestalten und Bewegung ins Spiel zu bringen. Und zwar, indem Führung Ziele definiert, Entwicklungen fördert, Strategien erarbeitet und gemeinsam mit den anderen am Feld Bewegung in die anvisierte Richtung erzeugt.

```
                    Weiterentwicklung
                         /\
                        /  \
                       / Hirn\
                      /       \
                     / Führung \
                    / beeinflusst\
                   / Organisation \
                  /                \
                 / Herz      Hand   \
   Zusammenarbeit ──────────────────── Strukturen
                                       Abläufe
```

Um dieser gestalterischen Aufgabe gerecht zu werden, scheint es vorteilhaft, die Organisation über die wirkenden Prinzipien und Einfluss nehmenden Wesenselemente zu verstehen.

6.2.1 Wirkende Prinzipien in Unternehmen

Das nachfolgend zusammengefasste Know-how über die im Unternehmen wirkenden (Syst® System-)Prinzipien unterstützt Sie dabei, sich zu orientieren. Laut M. Varga von Kibed und I. Sparrer ist die Reihenfolge der Systemprinzipien beachtenswert. Wie in einem mehrstöckigen Haus bilden die fünf Prinzipien Fundament, einzelne Stockwerke und Dachgeschoss. Ähnlich dem Hausbau starten Sie auch hier mit dem Fundament und nicht mit dem Dachausbau:
» Systeme existieren
» Systeme wachsen
» Systeme entwickeln sich neu
» Systeme brauchen Immunkraft
» Systeme setzen auf Individuation

Systeme existieren

Wie bereits erwähnt, beginnt die Existenz von Systemen, indem Grenzen gezogen werden. Je klarer die Grenzen erkennbar sind, desto einfacher kann dies gedeutet werden. Als Zugehörigkeitsbedingung in einem Unternehmen gilt sehr eindeutig der Anstellungsvertrag. Ungeachtet der Hierarchiestufe und Abteilung, der Sie angehören, oder in welchem Projekt oder Arbeitskreis Sie mitarbeiten, sind Zugehörigkeiten aus dieser Sicht gleichwertig: Sie sind entweder Mitarbeiter des Unternehmens oder eben nicht.

Die Zugehörigkeit zu einem Unternehmen endet mit Auflösung des Vertragsverhältnisses. Selbst dann, wenn Sie sich mit ehemaligen Kollegen oder dem Unternehmen weiter verbunden fühlen. Faktum ist: Sie haben die Seite gewechselt und stehen fortan außerhalb der gezogenen Unternehmensgrenze. Für den Grenzübertritt bleibt bedeutsam, dass der Abschied aus dem Unternehmen transparent gestaltet wird. Der bewusste Raum für den Abschied würdigt einerseits die Person, die das Unternehmen verlässt und unterstützt andererseits verbleibende Mitarbeiter in Bezug auf das Erkennen der (Nicht-)Zugehörigkeit.

Systeme wachsen

Unternehmen wachsen, wenn neue Mitarbeiter, Aufgaben, Produkte, Märkte hinzukommen. Wachstum gelingt, wenn die grundsätzliche Offenheit und Bereitschaft von jenen vorhanden ist, die bereits Teil des Systems sind. *„Platz geben für Neues"* lautet die Handlungsmaxime. Jedoch nur unter Beachtung systeminterner zeitlicher Reihenfolgen. Schließlich ist das bisher Erreichte alles andere als selbstverständlich. Das aktuell Bestehende entspringt den bisherigen Leistungen, Bemühungen sowie Entwicklungen und bildet die Basis für die Weiterentwicklung.

Mit der Würdigung und Wertschätzung der IST-Situation schaffen Sie den besten Nährboden, quasi Humus dafür, dass weitere Früchte reifen und wachsen können. Wachstum erfolgt hierbei nicht zwangsläufig. Beispielsweise entsteht nicht aus jedem Projekt ein Folgeprojekt oder es können Abteilungen, in denen Experten ein bestimmtes Produkt betreuen, aufgrund verschiedenster Einflussfaktoren aufgelöst werden.

Dieses Prinzip wird u.a. dann relevant, wenn Sie neue Teammitglieder aufnehmen oder eine externe Führungskraft für eine Abteilung bestellen. Frei nach dem Motto *„Ein neuer Besen kehrt besser"* erhoffen Sie sich möglicherweise auch neue Denkansätze, Handlungsalternativen oder sogar ein Aufbrechen von bisherigen Strukturen. Die Intentionen dahinter sind zweifelsohne unternehmerisch und zukunftsweisend. Der Knackpunkt liegt in der Art und Weise der Herangehensweise: Beginnt der neue Besen euphorisch darauf loszukehren, indem er aus jeder Ecke und jedem Winkel Staub aufwirbelt, sodass alle anderen rundherum neben Dauerhusten auch noch einen verschleierten Staubwolken-Blick bekommen? Oder verschafft sich der neue Besen zuerst mal einen Überblick über die aktuelle Situation und das bisher Geschaffene. Und beginnt dann zielgerichtet zu kehren.

Die verwendete Besen-Metapher übertragen auf unseren Kontext lautet also: *Ein neuer Besen kehrt (nachhaltig) besser, wenn er die wertschätzende Verbindung zu den bisherigen Besen herstellt und seinen Glanz nicht über jenen der bestehenden Besen stellt.*

Systeme entwickeln sich neu

Unternehmen entwickeln sich neu und pflanzen sich fort, wenn beispielsweise ein oder mehrere Tochterunternehmen gegründet werden, neue Abteilungen in Unternehmen entstehen oder auf Basis von Projektergebnissen weitere Projektteams installiert werden. Diese Übergänge vom Bestehenden zum Neuen bergen

Risiken und Unsicherheiten in sich. So ist das Neue im Vergleich zum Bestehenden noch nicht stabil und kann die Systemkraft und Leistungsfähigkeit erst nach einer gewissen Zeit erbringen. Es wäre verträumt, anzunehmen, dass die Qualität des neuen Systems der des fortpflanzenden entspricht. Entscheidend bleibt hier, dem Neuen eine Chance zu geben: Zeitlich begrenzt; nicht für immer und ewig. Denn irgendwann fällt auch der Nimbus des Neuen weg.

Es empfiehlt sich, einen gewissen zeitlich begrenzten Schutzmantel über das Neue zu legen. Wenn beispielsweise bestehende Mitarbeiter in eine neu gegründete Abteilung wechseln, sollten Sie bewusst darauf achten, dass sich die Mitarbeiter auch der neuen Aufgabe widmen können und ihre Arbeitsenergie nur zu einem geringen Anteil (wenn überhaupt) in aufgabenbezogene Altlasten investieren. Gar nicht so selten erwachen bei Abteilungsgründungen auch kritische Stimmen, die die neue Abteilung infrage stellen oder sogar ablehnen. Achten Sie hier insbesondere auf die Spielregeln und das Selbstverständnis der Zusammenarbeit. Denn Sie wissen ja: *Es müssen die Grenzen neu gezogen werden und mit ihnen auch die Verbindungen und Nahtstellen.*

Systeme brauchen Immunkraft

Sie als Führungskraft sind im Unternehmen relevant innerhalb des Systems und es ist Teil Ihrer Aufgabe, die Verantwortung für das Unternehmen und natürlich auch für Ihr Team zu übernehmen. Aus Sicht Ihrer Mitarbeiter sind Sie das Gesicht des Unternehmens. Von Ihnen wird erwartet, dass Sie Entscheidungen zugunsten des gesamten Unternehmens treffen und persönliche Anliegen im Interesse aller hinten anreihen.

Ihre innere Haltung wird geprägt durch Ihr Menschenbild, Ihre Werte, Ihr Vorleben und Ihr Vertrauen zu Mitarbeitern. Ihr Vorleben spiegelt umgekehrt Ihre innere Haltung wider. Ja, Sie machen Ihre Haltung sogar angreifbar und setzen sich der Kritik einer anspruchsvollen Beobachtergruppe aus, wenn Sie Ihrer Verantwortung samt den verbundenen Erwartungshaltungen nicht entsprechen. Enttäuschen Sie, können sich sehr rasch unausgesprochene Regeln im Unternehmen festigen, die sich zusammenfassen lassen mit: *„Wir machen Dienst nach Vorschrift."* Bringen also Sie als Führungskraft zu wenig Verantwortung und Einsatz mit, kann sich die notwendige Kraft und Widerstandsfähigkeit, also die Immunkraft des Systems nicht ausreichend entwickeln.

Kraft- und Widerstandsenergien gewinnen vor allem dann an Bedeutung, wenn sich Konflikte oder Krisen einschleichen. Je höher die Immunkraft, desto leichter lassen sich unruhige Zeiten überbrücken. Würden wir die angesprochenen Energien als wesentliche Charaktermerkmale festmachen, könnten wir in Bezug auf die Immunkraft des Systems mit H. Schmidt antworten: *„In der Krise beweist sich der Charakter."*

Ihre Verantwortung und Ihr Einsatz repräsentieren die eine Seite. Genauso relevant ist es auf der anderen Seite, die Verantwortung, den Einsatz und die Leistung von Mitarbeitern anzuerkennen und wertzuschätzen. Dabei gilt: Honorieren Sie diese bewusst in Bezug auf die berufliche Funktion. In dem Maße, in dem sich Mitarbeiter bewusstwerden, welchen Beitrag zum Ganzen sie leisten, in dem Maße können sie auch Motivation und tieferen Sinn entwickeln.

Mitarbeiter müssen Ihren Platz im Gefüge finden. Sie als Führungskraft stärken durch das an den Nutzen für das Ganze gekoppelte Feedback außerdem das Zugehörigkeitsgefühl, ohne dabei andere Mitarbeiter auszuschließen oder abzuwerten. In anderen Worten: Die Verbindung von Anerkennung, Einsatz und Leistung stiftet Sinn und erhöht die Immunkraft.

Systeme setzen auf Individuation

Wenn wir von Unternehmen sprechen, sprechen wir im Besonderen von Leistung. Leistung bezieht sich auf einen Auftrag und den darin klar formulierten Erwartungen. Fehlt der Auftrag, kann Leistung nicht bewertet werden. Für Sie als Führungskraft leitet sich tatsächlich erst aus der kommunizierten Erwartung die Frage ab, nach welchen Bewertungskriterien Sie Leistung messen und anerkennen.

Leistung wird im Unternehmen durch Zusammenarbeit erbracht, indem Mitarbeiter ihre Fähigkeiten und Kompetenzen für das Unternehmen zur Verfügung stellen. Selbstverständlich honorieren wir die Gesamtleistung (spätestens bei der festlichen Weihnachtsrede), die sich im Erfolg des Unternehmens abbildet.

Ergänzend zur Gesamtsicht braucht es den wertschätzenden Blick auf den einzelnen Leistungserbringer. Die persönlichen Fähigkeiten und Kompetenzen müssen Sie anerkennen. Und zwar unabhängig davon, ob Sie den Mitarbeiter als bequem oder unbequem erleben. Zur Erinnerung: Die Anerkennung und Wertschätzung von Leistung und Engagement über den funktionalen Bezug zum System hat

bedeutsame Relevanz. Selbst dann, wenn Sie von dem Engagement beim Eishockey- oder Gesangsverein fasziniert oder nicht begeistert sind. Beachten Sie, dass die Gefahr der Überblendung oder Vermischung nichtfunktionaler Aktivitäten lauert.
Das Design der Zusammenarbeit bestimmt, wie Leistung erbracht werden kann. Die hinterlegten Philosophien und Spielregeln bieten einen Rahmen des konstruktiven Miteinanders. Befüllt wird der Rahmen durch die unterschiedlichen Fähigkeiten und Kompetenzen aller, die sich in ihrer Vielfalt und Buntheit darin bewegen. Genau hier setzt Individuation auf: Die Leistung und die Art und Weise der Leistungserbringung prägen die Individuation von Systemen. Die Entfaltung der individuellen Fähigkeiten und Möglichkeiten ist in den meisten – bei weitem nicht allen – Fällen erwünscht. Mit gezielten Personalentwicklungsmaßnahmen passen Sie immer wieder die Leistungsfähigkeiten und Leistungsmöglichkeiten des Einzelnen aufs Neue an.

6.2.2 Wesenselemente einer Organisation

Die auf die Organisation wirkenden Prinzipien werden nachfolgend um eine weitere Sichtweise ergänzt. Basierend auf dem Organisationsmodell nach F. Glasl können sieben Wesenselemente identifiziert werden, die innerhalb und außerhalb der Organisation wirken.Diese Wesenselemente lassen sich über drei Subsysteme abbilden:

» kulturelles
» soziales
» technisches

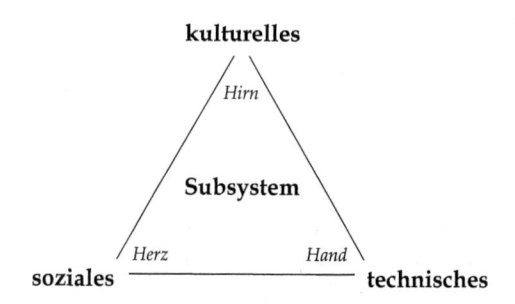

```
                kulturelles
                    /\
                   /  \
                  / Hirn\
                 /        \
                /          \
               / Subsystem  \
              /              \
             /  Herz    Hand  \
    soziales ──────────────── technisches
```

Teil des **kulturellen Subsystems** ist die *Identität*, die sich über Vision, Mission, Werte, Unternehmensphilosophie und Leitbild erlebbar macht. Für sich kann die Identität weder verordnet noch übertragen werden. Die Identität ist wie Klebstoff, der die Verbindungen im Inneren zusammenhält. Außerhalb des Unternehmens zeigt sich die Identität als Image bei Kunden, Lieferanten und weiteren externen Interessensgruppen.

Zum kulturellen Subsystem zählen auch *Policy, Strategie und Programme*. Darunter können Pläne bzw. Konzepte der Organisation und die Unternehmenspolitik verstanden werden. Oder, beispielsweise auch Leitsätze für die Produkt-, Finanz-, Kosten- oder Personalpolitik. Die jeweiligen Ansätze zeigen sich nicht nur im organisationalen Innenleben, sondern auch im Außen, wie beispielsweise in der Marktpolitik und –strategie, in der Branchenrivalität oder im Umgang mit Lieferanten, Kunden u.v.a.m.

Einen Teil des **sozialen Subsystems** bildet die *Struktur* der Aufbauorganisation, also Statuten und Gesellschafterverträge oder die Art und Weise des Hierarchiesystems. Strukturelle Beziehungen finden sich im Außen über Partnerschaften, Netzwerke, strategische Allianzen oder Aktivitäten in Verbänden.

Menschen, Teams und das Klima im Unternehmen stellen einen weiteren Teil des sozialen Subsystems dar. Dies lässt sich im Inneren über das Wissen und die Kompetenzen der Mitarbeiter, Einstellungen Beziehungen untereinander, Führungsstile, die Art und Weise der Interaktionen und die damit verbundene Kultur im Unternehmen festmachen. Im Außen zeigt es sich über die Frage des Stils im Umgang mit dem Umfeld.

Funktionen bilden einen nächsten Teil innerhalb des sozialen Subsystems. Konkret verstehen wir darunter die Aufgaben, Kompetenzen und Verantwortungen, die einer Funktion zugeordnet sind. Sie beziehen sich auf Personen genauso wie auf diverse Gremien oder Kooperationsgruppen im Unternehmen bzw. – wenn wir speziell jene Funktionen betrachten, die zur Pflege externer Verbindungen relevant sind – im Unternehmensumfeld.

Das **technisch-instrumentelle Subsystem** beinhaltet alle im Unternehmen wirksamen *Abläufe und Prozesse*, wie Kern- oder Supportprozesse zur Abwicklung der Aufgaben oder Informations-, Entscheidungs- und Steuerungsprozesse als Managementprozesse. Die prozessuale Verbindung zum Unternehmensumfeld wird über Beschaffungs- oder Lieferprozesse abgebildet.

Physische Mittel wie Maschinen, Geräte, Gebäude oder finanzielle Mittel bilden ein weiteres Wesenselement innerhalb des technischen Subsystems.

Wechselwirksamkeit der Wesenselemente: Naturgemäß stehen die sieben Elemente nicht isoliert da, sondern jedes hängt mit jedem zusammen. Wir haben es mit Wechselwirkungen zu tun. So taucht die Identität als Kernelement eines Unternehmens zwangsläufig in allen anderen Elementen auf. Betrachten wir als Nächstes beispielsweise die physischen Mittel. Auch sie beeinflussen alle anderen. So wirken sich finanzielle Engpässe folgendermaßen aus: Personale Ressourcen werden enger, Prozesse und Abläufe werden straffer, die Produktstrategien werden angepasst u.v.a.m.

Selbst *scheinbar* kleine Veränderungen, wie Veränderungen der räumlichen Situation, strahlen aus: Lassen Sie Mitarbeiter von Einser- oder Zweierbüros in ein Großraumbüro übersiedeln. Oder, teilen Sie Mitarbeiter, die bisher auf einem Standort zusammengearbeitet haben, auf mehrere Gebäude auf. – Was auch immer Sie verändern: Bleiben Sie – aufgrund der Wechselwirkungen und der damit verbundenen Dynamiken – achtsam, stets überraschungsoffen und auf Nebenwirkungen gefasst.

Der Organisationstypus bestimmt den Fokus: Im Sinne der Balance als verhältnismäßige Ausgewogenheit gilt, dass in jeder Organisation grundsätzlich alle drei Anteile vorhanden sind, wenngleich in unterschiedlichem Maße. Dies hängt vom Organisationstyp ab. Nichts Geringeres als das Produkt, das im Mittelpunkt des unternehmerischen Tuns steht, lenkt die Qualität der Leistung auf ein sich hervorhebendes Subsystem.

Für eine produzierende Organisation, wie ein Fahrzeugproduzent, liegen technische Fähigkeiten und damit das technische Subsystem im Vordergrund. Bei einem Dienstleister, wie einem Friseur, nimmt der vertrauensvolle zwischenmenschliche Umgang mit dem Kunden einen hohen Stellenwert ein, womit das soziale Subsystem dominiert. Bei einem Beratungsunternehmen wiederum liegen die Kernleistungen in der Erbringung kundenspezifischer Leistungen, deren Qualität sich aus der Erfahrung und der Verknüpfung des Wissens des Beratungsunternehmens zeigt. Das kulturelle Subsystem ist führend.

6.2.3 Entwicklung verlangt Wollen

Unternehmen ausschließlich aus dem Inneren zu ändern, ist herausfordernd und schwer machbar. Nicht zuletzt deshalb, da es den Blick auf das Ganze braucht, um die Auswirkungen der Veränderung einschätzen zu können. Eine alleinige Außensicht wäre umgekehrt auch unzureichend, da sie die subjektiven Wahrnehmungen der beteiligten Individuen ausschließt.

Im Kern braucht es mit Blickrichtung auf soziale Dynamiken und Veränderungen konsequent beide Sichtweisen – die von außen und die von innen. Zu den betrachteten Verbindungen und Beziehungen der Menschen im System sei ergänzt: Menschen handeln nicht nur deshalb so oder anders, weil sie so sind. Nein, menschliches Tun ergibt sich aus dem Zusammenspiel mit dem System.

Die Fähigkeit, Wirklichkeiten über unsere empfangsbereiten Sensoren wahrzunehmen, garantiert uns, Spannungen in Organisationen zu erkennen. Spannungen könnten Unstimmigkeiten in der Zusammenarbeit unterschiedlicher Abteilungen oder die Lücke zwischen dem Potenzial von Mitarbeitern und ihren Aufgaben sein.

Alle Spannungen geben Energien frei und erweisen sich als hilfreiche Wegweiser. Sie weisen gezielt darauf hin, wie sich Organisationen sinnerfüllt entwickeln könnten. Um diese dann auch wirksam zu nutzen, reicht das Erkennen der Notwendigkeit zur Veränderung kaum aus. Es braucht das Kommitment, dass das System eine Veränderung will. Einen verbindlichen Zustimmungswillen also, der über den eines einzelnen Menschen hinausgeht. – Einer alleine kann nicht viel ändern. Diesen Willen zur Veränderung vorausgesetzt, helfen Sie als Führungskraft dem System, sich in eine bestimmte nicht 100%ig vorhersehbare Richtung zu bewegen.

Zusammenfassung

Die Anforderungen an Sie in Führung sind hoch. Sie tragen die Verantwortung, das Überleben des Unternehmens zu sichern, also den Bestand, die künftige Ausrichtung und die Rentabilität zu gewährleisten. Diese an Sie gerichtete Erwartung steht inmitten eines dynamischen Felds, in dem innere und äußere Komplexitäten wachsen und wuchern. Mit Ihrem Leistungsangebot als Führungskraft geben Sie Antworten auf an Sie gerichtete Anforderungen sowohl von Mitarbeitern als auch von der Organisation.

Führung ist im Kern das, was im jeweiligen Unternehmenskontext als Führung definiert wird. Führung verstanden als verantwortungsvolle Aufgabe ist laufend, wird erkannt, wenn sie fehlt, muss von anderen anerkannt werden und ist dann von unschätzbarem Wert, wenn Routinen versagen. Führung muss Zukunftsfähigkeit entwickeln, den Blick auf Möglichkeiten lenken, Orientierung und Sinn geben.

Die Sicht auf das große Ganze gibt Führung die Chance, nicht nur im Unternehmen, sondern vielmehr am Unternehmen zu arbeiten. Führung beginnt dabei nicht im Großen, sondern – wie bei so vielen anderen Dingen auch – im Kleinen: Bei sich selbst. Menschen und Organisationen führen zu wollen, setzt voraus, sich selbst zu kennen und zu führen. Und dann erst geht's im nächsten Schritt darum, Führung auf Menschen und die Organisation zu übertragen.

Das Modell Hirn, Herz und Hand auf Führung angewandt, bietet die Möglichkeit, unterschiedliche Situationen *systematisch systemisch* zu betrachten, Erkenntnisse zu gewinnen und Ideen zu entwickeln.

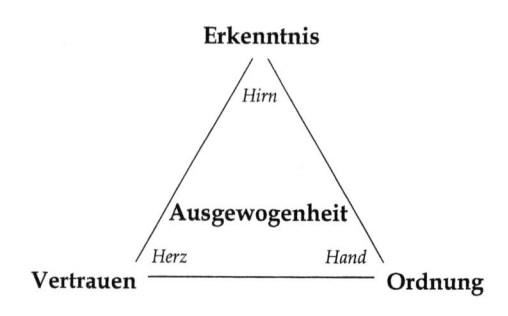

Erkenntnis

Hirn

Ausgewogenheit

Herz   *Hand*

Vertrauen ——————— **Ordnung**

Über die drei Perspektiven erinnert und unterstützt es, die Ganzheitlichkeit wahrzunehmen. Wesentlich dabei erscheint, dass nicht die Gleichverteilung der unterschiedlichen Zugänge bedeutsam ist, sondern die Balance verstanden als verhältnismäßige Ausgewogenheit der drei Blickwinkel.

„*Das Leben ist eine Gleichung*", meint C. Damrauer. Lassen Sie uns deshalb simplifiziert und modellhaft Führung als Gleichung darstellen:

$$F = H_i * H_e * H_a$$

(mit F = Führung, H_i = Hirn, H_e = Herz, H_a = Hand)

Die Ausgewogenheit ist im Idealfall dann gegeben, wenn Führung F = 1 = 1 * 1 * 1 ist. Mangelt es an einer der drei Komponenten, ändert sich – bei Nicht-Kompensation der anderen Parameter – entsprechend die Qualität von Führung. Die Ausgewogenheit von Führung könnte man als permanente An*gleichung* oder Ab*gleichung* der unterschiedlichen Zugänge verstehen.

Ich lade Sie ein, immer wieder aufs Neue auf diese Balance zu achten. Der Erfolg in Führung ist Ihrer, wenn Sie Komplexitäten beherrschen, Wechselwirksamkeiten sowie unterschiedliche Wirklichkeiten erkennen und die sich anbietenden Chancen ergreifen.

Literatur

Ahrens C., Ahrens L. (2014): Leadership-Intelligenz – Zehn Gebote für souveräne und sozial kompetente Führung (E-Book); 2. Auflage; Springer

Aron-Weidlich M. (2012): Essenz der Führung. Wie Sie sich selbst und Ihre Mitarbeiter nachhaltig motivieren, steuern, führen (E-Book); Springer-Gabler

Axelrod R. (2000): Die Evolution der Kooperation, 6. Auflage, Oldenbourg Wissenschaftsverlag GmbH, München

Alznauer M. (2013): Natürlich führen. Der evolutionäre Quellcode der Führung; 2. Auflage; Springer-Gabler

Brandenburger A., Nalbuff B. (2008): Coopetition - Kooperativ konkurrieren, Mit der Spieltheorie zum Geschäftserfolg, 3.Auflage, Christian Rieck

Bock P. (2011): Mindfuck. Wie wir uns selbst sabotieren und was wir dagegen tun können. (E-Book); Knaur

Covey S. (2005): Die 7 Wege zur Effektivität. Prinzipien für privaten und beruflichen Erfolg (E-Book); Gabal

Christiani A., Schellen F. (2008): Stärken stärken. Talente entdecken, entwickeln und einsetzen; 2. Auflage; Redline

Creusen U., Eschemann N., Johann T. (2010): Positive Leadership; Psychologie erfolgreicher Führung. Erweiterte Strategien zur Anwendung des Grid-Modells; Gabler

Csikszentmihalyi, M. (1985): Das Flow-Erlebnis. Jenseits von Angst und Langeweile. Im Tun aufgehen; Klett-Cotta

De Shazer, S. (1989): Wege der erfolgreichen Kurztherapie; Klett-Cotta

Drucker P.F. (2002): Was ist Management? Das Beste aus 50 Jahren; 4. Auflage; Econ

Ferrari E. (2011): Wege aus dem Dilemma. Das SySt-Tetralemma: Ein Beides finden; Ferrari Media

Ferrari E. (2013): Teamsyntax. Teamentwicklung und Teamführung nach Syst®; 2. Auflage; Ferrari Media

Ferrari E. (2014): Führung im Raum der Werte. Das GPA-Schema nach SySt®; 2. Auflage; Ferrari Media

Frankl V. (2010): Logotherapie und Existenzanalyse. Texte aus sechs Jahrzehnten; 3. Auflage; Beltz

Geus A. (1998): Jenseits der Ökonomie die Verantwortung der Unternehmen; Klett-Cotta

Glasl F. (2013): Konfliktmanagement. Ein Handbuch für Führungskräfte, Beraterinnen und Berater; 11. Auflage; Haupt

Glasl F., Klacher T., Piber H. (2014): Professionelle Prozessberatung. Das Trigon-Modell der sieben OE-Basisprozesse; 3. Auflage; Haupt

Happich G. (2014): Was wirklich zählt! Leistung, Leidenschaft und Leichtigkeit für Top-Führungskräfte (E-Book); Springer-Gabler

Hinterhuber H. (2011): Strategische Unternehmensführung, I. Strategisches Denken, 8. Auflage, Walter de Gruyter

Holzer A., Estermann C., Firlinger H., Holzer K. (Hrsg.) (2010): Geschichten die bewegen. Das Geschichten-Coaching Buch für Ihre persönliche Entwicklung; Mensch in Bewegung – Forum für Persönlichkeits- und Organisationsentwicklung

Johann T., Temmen M. (2011): Nachhaltiger Lebensstil und Gesundheit. Wie können wir die Sozialpsychologie positiv nutzen? in: Johann T. (Hrsg.): Mitarbeiter erfolgreich führen. Psychologische Grundlagen und praktische Beispiele (E-Book); Springer-Gabler

Kets de Vries M. (2002): Das Geheimnis erfolgreicher Manager. Führen mit Charisma und emotionaler Intelligenz; Financial Times Prentice Hall

Kehr H. (2002): Selbstmanagement. Ein wirksames Konzept zur Förderung von Motivation und Willensstärke; Beltz

Königswieser R., Exner A. (2008): Systemische Intervention. Architekturen und Designs für Berater und Veränderungsmanager; 9. Auflage; Schäffer-Poeschel

Laloux F. (2016): Reinventing Organizations. Ein illustrierter Leitfaden sinnstiftender Formen der Zusammenarbeit; Vahlen

Lange K. (2014): Servant Leadership in der Praxis. Pina Bausch. Führen des kollektiven Gehirns; in: Hinterhuber H., Stahl H. (Hrsg.): Servant Leadership. Prinzipien dienender Führung; 2. Auflage; Erich Schmidt

Larsson L., Hoffmann K. (2014): 42 Schlüsselunterscheidungen in der GFK: Für ein tieferes Verständnis der Gewaltfreien Kommunikation; Junfermann

Luhmann N. (1987): Soziale Systeme; Grundriss einer allgemeinen Theorie; Suhrkamp

Malik, F. (2005): Führen, Leisten, Leben. Wirksames Management für eine neue Zeit, 17. Auflage; DVA

Neges G., Neges R. (2007): Führungskraft und Persönlichkeit; Eigene Potenziale nutzen – Wirkungsvoll kommunizieren – Persönliches Marketing; Linde

Nussbaum C. (2015): Geht ja doch! Wie Sie mir fünf Fragen Ihr Leben verändern (E-Book); Gabal

O'Connor J., McDermott I (2000): Die Lösung lauert überall. Systemisches Denken verstehen und nutzen; 2. Auflage; VAK

Oesterreich B., Schröder C. (2017): Das kollegial geführte Unternehmen. Ideen und Praktiken für die agile Organisation von morgen; Vahlen

Pfläging N (2009): Die 12 Gesetze der Führung (E-Book); Campus

Pfläging N, Hermann S. (2016): Kompleximethoden. Clevere Wege zur (Wieder)Belebung von Unternehmen und Arbeit in Komplexität (E-Book); 3. Auflage; Redline

Pickert F., Renner K. (2011): Gruppenprozesse. Welche Einflüsse treten in Gruppen auf? in: Johann T. (Hrsg.): Mitarbeiter erfolgreich führen. Psychologische Grundlagen und praktische Beispiele (E-Book); Gabler

Pinnow D.F. (2012): Führen. Worauf es wirklich ankommt; 6. Auflage; Springer

Pircher-Friedrich A. (2007): Mit Sinn zum nachhaltigen Erfolg. Anleitung zur werte- und werteorientierten Führung; 2. Auflage; Erich Schmidt

Poostchi K. (2006): Spuren der Zukunft. Vom Systemdenken zur Teampraxis; Terra Media

Poostchi K. (2013): Open System Model. Der Sinn für das Ganze; Von der fragmentierten Gegenwart zur systemischen Zukunft; OSYS Publishing

Porter P., Porter C. (1997): Six Secrets of G.E.N.I.U.S. (E-Book); PureLight Publishing

Peters T., Ghadiri A. (2014): Neuroleadership – Grundlagen, Konzepte, Beispiele.; 2. Auflage; Springer-Gabler

Pscherer, J. (2015): Selbstmanagement – Grundlagen und aktuelle Entwicklungen; in: OSC Organisationsberatung Supervision Coaching; 22 (1)

Rohrhirsch F. (2011): Führen durch Persönlichkeit. Abschied von der Führungstechnik (E-Book); 2. Auflage; Gabler

Rust S (2013): Wenn die Giraffe mit dem Wolf tanzt. Vier Schritte zu einer einfühlsamen Kommunikation (E-Book); Koha

Rosenberg M. (2016): Gewaltfreie Kommunikation. Eine Sprache des Lebens; 12. Auflage; Jungfermann

Scheddin M. (2013): Erfolgsstrategie Networking. Business-Kontakte knüpfen und pflegen, ein eigenes Netzwerk aufbauen (E-Book); Allitera

Schein E. (2003): Organisationskultur – The Ed Schein Corporate Culture Survival Guide; Edition Humanistische Psychologie - EHP

Schein E. (2010): Prozessberatung für Organisationen der Zukunft. Der Aufbau einer helfenden Beziehung; 3. Auflage; Edition Humanistische Psychologie - EHP

Scheurl-Defersdorf M. (2013); In der Sprache liegt die Kraft! Klar reden, besser leben; 5. Auflage; Herder

Schneider B. (2009); Fleißige Frauen arbeiten, schlaue steigen auf; Wie Frauen in Führung gehen; 2. Auflage; Gabal

Schnorrenberg L. (2014); Servant Leadership: Eine unenendliche Geschichte über die Kunst des Führens im Dienste der Menschen in: Hrsg.: Hinterhuber H., Stahl H. (Hrsg.), (2014); Servant Leadership: Prinzipien dienender Führung; 2. Auflage; Erich Schmidt

Schuh G., Friedli T., Kurr M. (2005): Kooperationsmanagement, Carl Hanser

Schulz von Thun F. (2003): Kommunikationspsychologie für Führungskräfte; rororo

Schulz von Thun (2010): Miteinander reden 1. Störungen und Klärungen. Allgemeine Psychologie der Kommunikation; rororo

Schwaz G. (2005): Konfliktmanagement. Konflikte erkennen, analysieren, lösen; Gabler

Seliger R. (2013): Das Dschungelbuch der Führung. Ein Navigationssystem für Führungskräfte; 4. Auflage; Carl-Auer

Seliger R. (2014): Positive Leadership. Die Revolution in der Führung; Schäffer-Poeschel

Senge P. (2008): Die fünfte Disziplin. Kunst und Praxis der lernenden Organisation; Klett-Cotta

Sparer I. (2010): Einführung in Lösungsfokussierung und Systemische Strukturaufstellungen; 2. Auflage; Carl-Auer

Sprenger R.K. (2005a); Vertrauen führt. Worauf es in Unternehmen wirklich ankommt; Campus

Sprenger R.K. (2005b): Das Prinzip Selbstverantwortung; Wege zur Motivation; Campus

Sprenger R.K. (2015): Radikal führen; Campus

Sprenger R.K. (2010): Mythos Motivation. Wege aus einer Sackgasse; 19. Auflage; Campus

Stahl H.K. (2003): Führung zwischen Vertrauen und Misstrauen, in: Hinterhuber, H. H., Stahl, H. K., (Hrsg.): Kolleg für Management und Leadership, Band 1, Erfolg im Schatten der Großen. Wettbewerbsvorteile für kleine und mittlere Unternehmen, Erich Schmidt

Systemischer 4 (2014): Zeitschrift für systemische Strukturaufstellungen; Thema Werte; Heft 4; Ferrari Media

Watzlawick P. (2010): Wie wirklich ist die Wirklichkeit; Wahn, Täuschung, Verstehen; 8. Auflage; Piper

Weisweiler S., Dirscherl B., Braumandl I. (2013): Zeit- und Selbstmanagement; Ein Trainingsmanual – Modelle, Methoden, Materialien für Training und Consulting; Springer

Wenk S. (2013): Die Bedeutung von Führung für die Bindung von Mitarbeitern. Ein Vergleich unterschiedlicher Führungsstile im Kontext der Generation Y (E-Book); Springer-Gabler

Werry K. (2012): Führung. Auf die letzten Meter kommt es an (E-Book); Springer-Gabler

Internetlinks
1) https://www.hays.de/documents/10192/118775/Hays-Studie-HR-Report-2017.pdf/3df94932-63ca-4706-830b-583c107c098e [Mai 2018]
2) https://www.gallupstrengthscenter.com/Home/de-DE/Index/?gclid=CNO7luSQy84CFUwYGwodTuELFw [Mai 2018]
3) https://www.gallupstrengthscenter.com/Help/de-DE/FaqItem/GENFAQ20?type=GEN [Mai 2018]
4) http://www.zeit.de/zeit-wissen/2013/02/Psychologie-Gewohnheiten [Mai 2018]

Hinweis: Externe Links wurden bis zum Zeitpunkt der Drucklegung des Buches geprüft. Auf etwaige Änderungen zu einem späteren Zeitpunkt besteht kein Einfluss.

Über die Autorin

Ute Mariacher, Mathematikerin und Wirtschaftswissenschaftlerin, arbeitet als Führungs- und Organisationsentwicklerin. Sie begleitet Unternehmen rund um Organisations-, Personal- und Führungsfragen. Zudem lehrt sie als externe Lektorin an österreichischen Fachhochschulen.
Ihre Betrachtung von Führung resultiert aus ihrer langjährigen Führungserfahrung sowie aus Ausbildungen in den Bereichen Kommunikation, Konflikte, Kooperation, systemische Organisationsentwicklung, systemisch konstruktivistisches Coaching, Team- und Organisationsaufstellungen.

Mehr unter: *utemariacher.at*

Danke!

Das Schreiben dieses Buches war mir eine Herzensangelegenheit. Dieses Vorhaben wäre jedoch ohne Mithilfe anderer nicht möglich gewesen. Darum ist es an der Zeit, zu all jenen, die mein Buchprojekt unterstützt haben, aufrichtig „*Danke!*" zu sagen.Allen voran meinem Mann Erwin und meiner Tochter Ella, die mir die Zeit geschenkt haben, mein Buchprojekt umzusetzen.

Ich bedanke mich besonders bei Lorraine Hörl, Anne Hubmann, Sonja Grafenstätter, Susanne Felkel, Petra Liebl und Monika Mariacher für den inspirativen Input, die kritischen Fragen und hilfreichen Anregungen.

Ein herzliches Dankeschön gebührt Lisa Schamschula für die grafische Gestaltung des Buchcovers.

Mein Dank richtet sich auch an alle Führungskräfte, die ich begleiten darf. Sie haben mich durch Ihr Führungshandeln immer wieder aufs Neue bestätigt, dass der natürliche Zugang über Hirn, Herz und Hand Erfolg versprechend ist.

Mein Dank gilt weiters all meinen Seminarteilnehmenden und Studierenden, mit denen ich entlang dieses Modells arbeiten darf.

Besten Dank auch an die Mitarbeitenden der SOWI-Bibliothek in Innsbruck, die mich bei meinen Recherchen kompetent und freundlich unterstützt haben.

Last but not least spreche ich an Sie, liebe Leser und Leserinnen, ein dickes Dankeschön aus. Dafür, dass Sie in dieses Buch eingetaucht sind und sich den Facetten von Führung aus der *HHH-Perspektive* genähert haben. Ganz besonders freut es mich, wenn Sie diesen simplen aber wirkungsvollen Dreiklang von Hirn, Herz und Hand in Ihren Führungsalltag bewusst(er) einfließen lassen. - Viel Erfolg wünsche ich Ihnen dabei!